3줄의 글로 수익을 만드는

스레드 운영법

지은이 이동영

상장사 마케팅 팀장 출신으로, 일찍이 스레드의 가능성을 포착해 성공적으로 운영해오고 있다. 클래스101에서 스레드 운영 강의를 최초로 선보였으며, 스레드 전자책을 집필하는 등 많은 이들의 스레드 성장 및 수익화를 돕고 있다.

SNS 경험이 전혀 없는 사람도 안정적으로 성과를 낼 수 있도록 안내한다. 특히 근본적인 마케팅 전략을 기반으로 편법이 아닌 정석적인 운영 방식을 제시해, 브랜딩·마케팅·수익화 등 각각의 목적에 맞는 스레드 성과를 만들어갈 수 있게 돕는다.

스레드 @dylee_marketer
유튜브 youtube.com/@dylee_marketer_ceo
이메일 onemorething9196@gmail.com

3줄의 글로 수익을 만드는 스레드 운영법

스레드 브랜딩·마케팅·수익화 실전 전략

초판 1쇄 발행 2025년 10월 24일

지은이 이동영 / **펴낸이** 전태호
펴낸곳 한빛미디어(주) / **주소** 서울특별시 서대문구 연희로2길 62 한빛미디어(주) IT출판1부
전화 02-325-5544 / **팩스** 02-336-7124
등록 1999년 6월 24일 제25100-2017-000058호 / **ISBN** 979-11-6921-434-6 13000

총괄 배윤미 / **책임편집** 장용희 / **기획·편집** 진명규
디자인 박정화, 박정우 / **전산편집** 이윤희
영업마케팅 송경석, 김형진, 장경환, 조유미, 한종진, 이행은, 김선아, 고광일, 성화정, 김한솔 / **제작** 박성우, 김정우

이 책에 대한 의견이나 오탈자 및 잘못된 내용은 출판사 홈페이지나 아래 이메일로 알려주십시오.
파본은 구매처에서 교환하실 수 있습니다. 책값은 뒤표지에 표시되어 있습니다.

홈페이지 www.hanbit.co.kr / **이메일** ask@hanbit.co.kr

Published by Hanbit Media, Inc. Printed in Korea
Copyright © 2025 이동영 & Hanbit Media, Inc.

이 책의 저작권은 이동영과 한빛미디어(주)에 있습니다.
저작권법에 의해 보호를 받는 저작물이므로 무단 복제 및 무단 전재를 금합니다.

지금 하지 않으면 할 수 없는 일이 있습니다.
책으로 펴내고 싶은 아이디어나 원고를 메일(writer@hanbit.co.kr)로 보내주세요.
한빛미디어(주)는 여러분의 소중한 경험과 지식을 기다리고 있습니다.

> 스레드 브랜딩 ── 마케팅

수익화 실전 전략

3줄의 글로 수익을 만드는
스레드 운영법

이동영 지음

한빛미디어
Hanbit Media, Inc.

프롤로그

짧은 글로 수익을 만드는 스레드, 블루오션 기회를 잡아봅시다

이 기회를 또 놓칠 수는 없다

스레드가 잘 맞을 것 같다고 지인에게 추천을 받아 시작했을 때가 생각납니다. 시작하자마자 올린 글들이 순식간에 조회수 1,000, 1만이 넘었고 7일 만에 팔로워 1,000명을 달성했습니다. 신기한 경험이었습니다. 마케터로서 회사 계정들을 운영하며 성공했던 적은 있어도, 내 계정으로 팔로워 1,000명 이상을 달성한 경험은 처음이었기 때문입니다.

처음에는 스레드의 모든 것이 신기하고 재밌었습니다. 많은 사람들과 소통할 수 있다는 것이 매우 흥미로웠죠. 마치 처음 페이스북이 나왔을 때 담벼락을 오가며 소통하는 기분이었고, 퇴근 후 시간 가는 줄 모르고 클럽하우스에서 다른 사람들의 이야기를 새벽까지 엿들을 때의 기분이었습니다.

스레드를 단순히 즐기고 있을 때, 또 기회를 놓치고 있는 건 아닌가 하는 생각을 했습니다. 페이스북이 유행할 때도, 인스타그램, 유튜브, 틱톡이 유행할 때도 기회를 놓쳤는데 스레드도 놓친다면 학습 효과가 없는 사람이라는 생각이 들었죠.

이때부터 스레드를 제 브랜딩·마케팅 채널로 활용하고, 스레드를 통한 수익화 방법까지 찾아야겠다는 결심을 했습니다. 마케터로서 일하며 트래픽이 모이는 곳에는 돈이 생기고, 사업이 가능하다는 사실을 이미 알고 있었으므로, 이제 스레드라는 기회를 잡아 실행만 하면 되는 상황이었던 겁니다.

결과적으로 저는 스레드를 통한 브랜딩·마케팅·수익화에 성공했습니다. 제가 인스타그램, 유튜브 등에서 놓쳤던 기회들과 이번에 스레드를 통해 잡은 기회의 차이는, SNS를 단순히 조회 수와 팔로워 수가 늘어나는 소통의 장으로 볼 것이냐, 트래픽을 확보한 다음 마케팅 관점에서 전략을 짜고 전환을 일으킬 수 있는 공간으로 볼 것이냐의 차이었다고 생각합니다.

즉, 우리는 스레드를 단순히 소통 목적으로 활용하면 안 됩니다. 스레드에서 트래픽을 확보하고, 나만의 브랜드 또는 수익 구조와 연결시키는 수단으로 사용해야 합니다.

새로운 브랜딩·마케팅·수익화 기회를 꽉 잡는다

스레드로 브랜딩과 마케팅을 해 수익화에 성공하고, 많은 수강생에게 스레드 수익화 강의를 했습니다. 그때 많은 수강생분들이 '스레드는 본업이 될 수 있는가'를 질문했습니다.

저 역시 같은 고민을 한 적이 있습니다. 저는 이미 퇴사가 확정된 상황에서 스레드를 시작했는데, 사실 어느 정도 쉬면서 몸과 마음이 회복되면 다시 마케터로서 복귀할 생각을 갖고 있었습니다. 상장사 마케팅 팀장을 역임했던 터라 오퍼가 오는 곳도 많고, 무엇보다 안정적인 수입이 있다는 것은 미래 인생 설계에 있어서 꽤나 중요한 요소였기 때문입니다.

그런데 스레드로 한 달 만에 얻은 수익이 회사에서 받던 연봉의 절반을 뛰어넘어 버렸습니다. 마케터로 일하며 트래픽의 힘을 이론적으로만 이해하고 있었는데, 그 힘을 몸소 경험하게 되니 자신감이 생겼습니다. 그리고 저는 '스레드가 본업이 될 수 있겠구나'라는 결론을 냈습니다. 그 정도로 스레드는 하나의 사업을 가능하게 할 만큼의 파급력이 있는 SNS입니다.

물론 이 책을 선택해 읽고 있는 여러분 모두가 저처럼 스레드를 본업으로 삼을 생각은 아닐 것입니다. 저처럼 스레드로 사업을 꿈꾸는 분들도 있겠지만, 당장의 수익화보다는 스레드를 통한 퍼스널 브랜딩에 관심이 있거나, 회사에 소속된 마케터로서 새로운 마케팅 채널로 급부상한 스레드를 잘 활용하고 싶거나, 혹은 용돈 벌이 정도의 부수입을 원하는 분들도 있겠죠.

스레드를 본업으로 삼고 싶을 만큼 진심이든, 그렇지 않든 이 책을 선택한 독자분들께서 스레드로 얻고자 하는 각각의 목적, 브랜딩·마케팅·수익화 등 목적을 달성하길 바랍니다. 스레드라는 새로운 브랜딩·마케팅·수익화 기회를 늦기 전에, 누구보다 먼저 선점하길 바랍니다. 국내 최초로 선보여진 스레드 활용 도서인 이 책과 함께라면 원하는 목적을 달성할 수 있습니다.

속도보단 방향

좋아하는 야구 선수가 있는데, 그 선수의 어록 중 '속도보단 방향'이라는 말이 있습니다. 요즘 들어 정말 중요한 말이라는 생각을 많이 합니다. 아무리 빨리 달려도 방향이 틀렸다면 무의미하기 때문입니다.

스레드에 꾸준히 글을 올리면 돈을 벌 수 있습니다. 짧은 글, 심지어 3줄의 글로도 브랜딩을 세우고, 브랜드를 알리고, 수익까지 낼 수 있습니다. 하지만 제대로 된 방식이 아니라면, 즉 방향이 틀렸다면 금 없는 곳에서 곡괭이질 하는 것과 별반 다를 바 없습니다.

꾸준함이 답이라는 말이 마치 정답인 것처럼 여기저기서 많이 들려오는 시대입니다. 꾸준히 하지 못하는 사람을 꾸짖는 것처럼 들리기도 합니다. 하지만 제대로 된 방식, 방향을 제안하지 못한 채 꾸준함만을 논한다면 그것은 무책임한 행동이라 생각합니다.

이 책은 스레드를 운영하는 데 제대로 된 방향을 안내합니다. 여러분이 금이 있는 곳을 향해 달릴 수 있게 합니다. 이 책과 함께 스레드라는 블루오션 SNS를 반드시 잡는다는 생각으로 함께 시작해봅시다. 정말 누구나 할 수 있습니다.

이 책의 구성

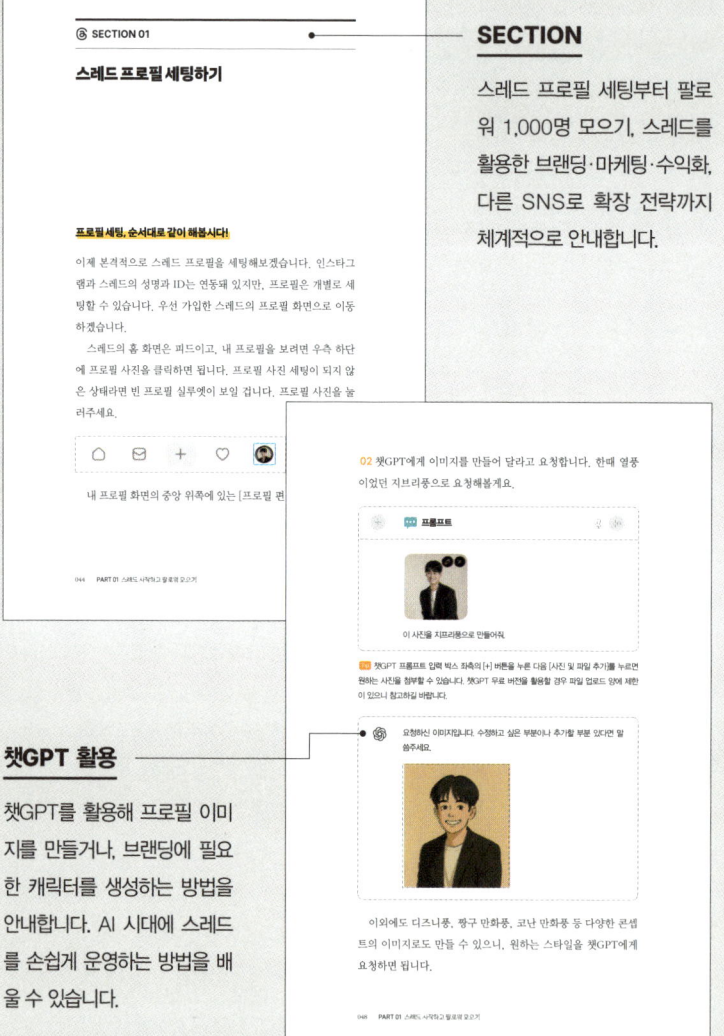

SECTION

스레드 프로필 세팅부터 팔로워 1,000명 모으기, 스레드를 활용한 브랜딩·마케팅·수익화, 다른 SNS로 확장 전략까지 체계적으로 안내합니다.

챗GPT 활용

챗GPT를 활용해 프로필 이미지를 만들거나, 브랜딩에 필요한 캐릭터를 생성하는 방법을 안내합니다. AI 시대에 스레드를 손쉽게 운영하는 방법을 배울 수 있습니다.

TIP

도움이 되는 내용, 참고가 필요한 내용을 안내합니다. 유용한 팁으로 스레드 초보자도 스레드를 막힘없이 활용할 수 있습니다.

스레드 운영 NOTE

책을 읽다가 함께 알아두면 좋은 내용은 NOTE 박스에 담았습니다. 본문과 함께 NOTE 내용을 참고하면 스레드를 더욱 완벽하게 운영할 수 있습니다.

이 책의 구성

다 퍼주는 부가자료

'스하리 메이커', '일상글 메이커', '광고 제안서 샘플', '스레드 게시글 개수 계산기' 등 스레드 운영에 필요한 부가자료를 아낌없이 제공합니다.

APPENDIX

스레드 운영 시 주의 사항을 총정리해 부록으로 제공합니다. 스레드 계정 보호에 필수적인 '2차 인증' 방법부터 '신고된 게시글 확인' 등 반드시 알아야 하는 주의 사항을 안내합니다.

목차

프롤로그 004
이 책의 구성 008

PART 01
스레드 시작하고 팔로워 모으기

CHAPTER 01
기회의 SNS 스레드 알아보기 – 스레드 200% 활용의 첫걸음

ⓢ SECTION 01 스레드란 무엇인가 025
스레드 : 텍스트 중심의 SNS 025
텍스트 SNS 스레드, 왜 핫한가? 026
[스레드 운영 NOTE] 스레드가 콘텐츠 생산자에게 꼭 필요한 이유 026
스레드에는 독특한 문화가 있다? – 반말 모드 027

ⓢ SECTION 02 스레드는 이런 사람들이 한다 029
스레드 사용자의 특징 029
마지막 남은 따뜻한 SNS 029
[스레드 운영 NOTE] 스레드 사용자들의 따뜻함을 보여주는 사례 030
맞팔로우의 온기가 남아 있어 030
감히 팔로우를 안 해? 031

ⓢ SECTION 03 블루오션 스레드를 바로 시작해야 하는 이유 033
광고 기능과의 상관관계 033
스레드의 든든한 백, 인스타그램 034

ⓢ SECTION 04 스레드 완벽 이해를 위한 주요 용어 정리 036
게시글 공유 용어 036

목차

스레드 기본 용어 038

스레드 이해는 끝! 039

`스레드 운영 NOTE` 스레드 가입 방법 039

CHAPTER 02
스레드 프로필 세팅부터 팔로워 1,000명 모으기까지

ⓢ SECTION 01 스레드 프로필 세팅하기 044

순서대로 같이 해보는 프로필 세팅 044

① [소개] 작성하기 045

`스레드 운영 NOTE` '소개' 작성 체크 포인트 5가지 046

② 프로필 사진 세팅하기 047

`스레드 운영 NOTE` AI 사진을 사용하면 안 될까? 049

`스레드 운영 NOTE` 프로필 사진에 '로고'를 넣는 건 어떨까? 050

③ [관심사] 세팅하기 051

④ [링크] 세팅하기 052

⑤ [Instagram 배지 표시], [비공개 프로필] 설정하기 052

`스레드 운영 NOTE` 스레드 계정 추가로 만들기 053

ⓢ SECTION 02 스레드 팔로워 1,000명 프로젝트?! 054

팔로워 1,000명 프로젝트의 진실 054

스하리 055

ⓢ SECTION 03 팔로워 수보다는 콘텐츠가 중요하다 057

변하지 않는 본질 057

본질에 집중하는 게 더 중요하다 058

SECTION 04 그럼에도 팔로워를 모아야 하는 이유 059
팔로워 = 영향력 059
팔로워 수에 따라 달라지는 광고 단가 061
1,000명 프로젝트 이용하기 062
이것도 하나의 연습 064

SECTION 05 '글'만 써서 팔로워 모으기
- '1,000명 프로젝트' 본격 이용 065
스레드 게시글 작성 관련 다양한 기능들 065
탈탈 털어드리는 실제 사례 069
가독성을 살리는 방법 3가지 071

SECTION 06 AI를 활용하여 팔로워 늘리기 074
'스하리 메이커' 활용하기 074
[다 퍼주는 부가자료] 스하리 메이커 075
'일상글 메이커' 활용하기 076
[다 퍼주는 부가자료] 일상글 메이커 077
AI는 어디까지나 AI에 불과하다 079

PART 02
스레드로 브랜딩, 마케팅하기

CHAPTER 01
브랜딩을 완성하는 다양한 방법 – 스레드 브랜딩

SECTION 01 스레드 계정 브랜딩하기 083
키워드로 브랜딩하기 083
컬러와 비주얼로 브랜딩하기 085
[스레드 운영 NOTE] '파란 배지'를 받으려면 실물 사진이 필요하다? 086

목차

ⓢ **SECTION 02 캐릭터로 브랜딩하기** 088
캐릭터 활용의 장점 088
챗GPT로 10초 만에 캐릭터 만들고 활용하기 089

ⓢ **SECTION 03 폰트로 브랜딩하기** 093
실물 사진도, 캐릭터도 싫다면? 폰트 활용하기 093

ⓢ **SECTION 04 스레드를 할 때 브랜딩이 중요한 이유** 095
브랜딩의 중요성을 아는 것은 중요하다 095
마케팅 비용 최소화, 마케팅 효율 극대화 096
스레드 운영 NOTE 브랜드 마케팅 VS 페이드 마케팅 096
싸게만 팔아서는 살아남을 수 없다 097
스레드를 활용하면 브랜딩 어렵지 않다 098

CHAPTER 02
타깃에게 꽂히는 글 쓰기 – 스레드 마케팅

ⓢ **SECTION 01 스레드 '페르소나' 설정하기** 100
마케팅에서 페르소나 설정의 중요성 100
페르소나 설정하는 법 101
주제와 소재 선정의 필수템, 페르소나 102
스레드 운영 NOTE 페르소나로 스하리 글 만들기 104
페르소나 추가하기 104
너무 타깃이 집중되면 안 좋은 거 아닐까? 105

ⓢ SECTION 02 상대가 원하는 스레드 글 쓰기 106

문제 찾기　106

문제 해결해주기　107

해결 방법을 모르겠다면 전문가 찬스 쓰기　107

ⓢ SECTION 03 사용자의 관심을 이끄는 스토리 만들기 110

스토리에 반응하는 인간의 본성　110

반응을 끌어내는 3단계 이야기 구성　110

'위기'만으로도 조회수가 나온다　112

CHAPTER 03
떡상을 위한 스레드 알고리즘 이해 - 스레드 마케팅

ⓢ SECTION 01 알고리즘을 알아야 스레드를 정복한다 114

알고리즘 100% 파악은 불가능하다?　114

그럼에도 알고리즘 이해는 중요하다　115

스레드 운영 NOTE 알고리즘이 존재하는 이유　115

ⓢ SECTION 02 스레드 알고리즘 특징① : 휘발성 117

스레드가 글을 휘발시키는 이유　117

휘발성 사용하기　120

1일 10글? 1일 50글? 선택이 아닌 필수　121

ⓢ SECTION 03 스레드 알고리즘 특징② : 재도전 가능 124

한 번 실패에 좌절하지 말자　124

목차

처음 올린 글이 안 먹힌 이유 125
재도전 가능 알고리즘을 활용해 떡상하는 법 127

SECTION 04 스레드 알고리즘 특징③ : 버티컬 알고리즘 129
스레드 알고리즘은 '주제'에 적용된다 129
버티컬 알고리즘을 활용한 사례 130
스레드가 주는 자유로움을 만끽하자 131

CHAPTER 04
퍼널을 활용한 체계적 마케팅 – 스레드 마케팅

SECTION 01 스레드 마케팅에 필요한 퍼널 134
스레드 마케팅 퍼널 5단계 134

SECTION 02 스레드 마케팅 퍼널 1단계 : 인지 136
첫 줄의 중요성 136
첫 줄 작성 필승 공식 137
`스레드 운영 NOTE` 결과로 호기심을 자극하는 것과 두괄식의 차이 140

SECTION 03 스레드 마케팅 퍼널 2단계 : 고려 141
기승전결 141
결과 말하지 않기 142
억지로 유도하지 않기 143

SECTION 04 스레드 마케팅 퍼널 3단계 : 클릭 144
소비자의 클릭을 유도하자 144

[스레드 운영 NOTE] 스레드는 하이퍼링크 활용이 자유롭다 144
링크는 댓글에 달기 145
댓글에 작성하면 좋은 클릭 유도 문구 146
최고의 유도 문구는 유도하지 않는 것 147

ⓢ SECTION 05 스레드 마케팅 퍼널 4단계 : 전환 148
소비자의 행동이 완료되는 단계 148
[스레드 운영 NOTE] 전환 데이터가 중요하지 않은 경우 149

ⓢ SECTION 06 스레드 마케팅 퍼널 5단계 : 재방문/재구매 150
충성 고객의 중요성 150
계산 없는 가치 제공하기 151
약점 드러내기 151
[스레드 운영 NOTE] 6가지 마케팅 기법을 활용한 스레드 글 쓰기 152

PART 03
스레드로 수익화하기

CHAPTER 01
초보자가 접근하기 좋은 스레드 수익화 방법 2가지

ⓢ SECTION 01 앱테크와 결합해 수익 내기 157
앱테크 수익 구조 158
앱테크 선정 기준 4가지 158
앱테크 추천 앱 : 틱톡 라이트 160
앱테크로 수익 내기 161
앱테크 수익화 게시글 작성 방법 162

목차

SECTION 02 제휴 마케팅과 결합해 수익 내기 166

제휴 마케팅 수익 방식 166

뉴스픽 파트너스로 수익 내기 167

뉴스픽 파트너스 가입 및 세팅 168

스레드와 결합했을 때 좋은 뉴스픽 카테고리 171

실제 스레드 글 예시 172

`스레드 운영 NOTE` 스레드에 뉴스픽 파트너스 콘텐츠 업로드 시 주의사항 174

CHAPTER 02
나만의 사이트 만들어 수익 내기 – 제품·서비스 판매, 협찬받기

SECTION 01 리틀리로 나만의 사이트 만들기 177

`스레드 운영 NOTE` 나만의 사이트가 필요한 이유 178

리틀리 세팅하기 178

SECTION 02 내 서비스, 상품 등록하기 185

리틀리 추가 항목 세팅하기 185

`스레드 운영 NOTE` 스레드 수익화에서 CRM 마케팅은 필수 186

내 서비스나 상품이 없다면!? 193

SECTION 03 협찬 유도를 위한 광고 제안서 만들기 194

`다 퍼주는 부가자료` 광고 제안서 샘플 194

나만의 광고 제안서 만들기 195

`스레드 운영 NOTE` 나만의 크루를 만들어보자 199

`스레드 운영 NOTE` 광고 단가, 어떻게 정해질까? 200

SECTION 04 광고 제안서 리틀리와 스레드에 세팅하기 203

리틀리에 세팅하기 203

스레드에 세팅하기 205

**CHAPTER 03
스레드 수익화를 위해 알아야 할 것들**

SECTION 01 스레드에 수익화 글을 얼마큼 올려야 할까? 210

목표 정하기 210

뉴스픽 파트너스 목표 정하기 211

앱테크 목표 정하기 213

[스레드 운영 NOTE] 딱 정해드리는 제휴 마케팅·앱테크 글 업로드 개수 214

나의 상품 또는 서비스 판매 목표 정하기 215

나만의 게시글 개수 계산해보기 217

[다 퍼주는 부가자료] 스레드 게시글 개수 계산기 217

**SECTION 02 수익 극대화를 위해 점검할 요소들
– 전환율, 클릭률, 조회수** 219

전환율 점검 219

[스레드 운영 NOTE] 리틀리를 사용하는 또 다른 이유 222

클릭률 점검 222

조회수 점검 224

목차

ⓢ **SECTION 03 스레드에 수익화 글만 쓰면 안 된다**
– 콘텐츠 믹싱 전략 225

수익화 글만 쓰면 안 되는 이유 225
콘텐츠 믹싱 전략 활용하기 226
게시글 유형 분류 227
팔로워 수별 게시글 업로드 빈도 228
스레드 운영 NOTE 사냥꾼과 농부, 두 정체성의 공존 229
새로운 수익화 기회를 선점하자 230

PART 04
스레드에서 다른 SNS로 확장하기

CHAPTER 01
플랫폼 확장의 첫걸음, 스레드

ⓢ **SECTION 01 다양한 SNS 운영에 스레드가 필수인 이유** 235

콘텐츠 기획력 키우기 235
어색함과 상처 극복하기 236
기회비용 낮추기 237

ⓢ **SECTION 02 저비용, 고효율 스레드 활용하기** 239

유튜브 롱폼 영상 239
릴스와 쇼츠 242
블로그 243
스레드 운영 NOTE 스레드로 블로그 콘텐츠 테스트 시 주의! 244

ⓢ **SECTION 03 스레드 하나만 하면 안 되는 이유** 245

OSMU 활용 245
타 플랫폼과의 시너지 245

CHAPTER 02
다양한 플랫폼으로 확장하는 방법

ⓢ SECTION 01 인스타그램으로 확장하기 248
인스타그램 게시글로 올리는 방법 248
릴스로 올리는 방법 250
스레드 운영 NOTE 인스타그램에서 스레드로 확장하기 256

ⓢ SECTION 02 유튜브, 틱톡으로 확장하기 258
스레드 게시글 유튜브, 틱톡으로 확장하는 방법 258
유튜브 쇼츠 올리는 방법 259
다 퍼주는 부가자료 유튜브 가입 및 채널 세팅 전자책 260
틱톡 영상 올리는 방법 264

APPENDIX | 스레드 운영 시 주의 사항 총정리 266
에필로그 275

PART 01

스레드 시작하고 팔로워 모으기

CHAPTER 01

기회의 SNS 스레드 알아보기

스레드 200% 활용의 첫걸음

SECTION 01

스레드란 무엇인가

스레드 : 텍스트 중심의 SNS

스레드란 메타Meta가 만든 텍스트 기반 SNS로, X(구 트위터)와 유사한 형태의 플랫폼입니다. 스레드는 짧은 텍스트 기반의 콘텐츠와 신속한 커뮤니케이션을 중심으로 해 사람들이 정보를 빠르게 공유하고 소비할 수 있게 합니다. 이는 영상을 기반으로 하는 유튜브나 틱톡, 이미지를 기반으로 하는 인스타그램과 가장 큰 차이점입니다.

물론 스레드에서도 이미지나 영상을 첨부할 수 있습니다. 귀엽거나 멋진 등 사람들의 관심을 끌 만한 이미지나, 요즘 트렌드이기도 한 강렬하게 후킹되는 짧은 영상을 텍스트와 함께 올리면 조회수에 도움이 되는 경우도 분명 있죠. 하지만 UI User Interface(사용자 인터페이스) 특성상 최상단, 다시 말해 가장 먼저 노출되는 영역에 텍스트가 배치됩니다. 그 말인 즉 스레드의 아이덴티티는 텍스트에서 온다고 할 수 있습니다.

텍스트 SNS 스레드, 왜 핫한가?

'지금이 블루오션이다', '교류가 활발하다', '다른 SNS보다 진입 장벽이 낮다' 등 사람들이 스레드에 유입되는 이유는 다양합니다. 그중 가장 큰 이유는 이미지나 영상 매체가 주는 피로감 때문입니다.

릴스, 쇼츠 등 짧고 자극적인 영상을 반복해서 보다 보면 사용자는 피로감이 누적될 수밖에 없습니다. 반면 스레드는 텍스트 중심이기 때문에 비교적 정적입니다.

물론 텍스트에도 후킹 요소가 있지만 시각 매체와 비교하면 콘텐츠의 피로감이 덜합니다. 따라서 이미 다른 SNS에서 피로감이 많이 쌓인 사용자들이 대거 유입되고 있다고 볼 수 있습니다.

콘텐츠 창작자 입장에서도 스레드는 피로감이 낮습니다. 릴스, 쇼츠 등 짧은 영상이 트렌드가 되어 긴 영상을 제작하지 않아도 된다고 하지만 영상은 영상입니다. 콘텐츠를 제작하는 데 물리적으로 많은 시간이 들어 피로도가 높을 수밖에 없기 때문에 창작자들도 비교적 피로도가 낮은 스레드를 시작하는 것이죠.

 ✏️ 스레드 운영 NOTE

스레드가 콘텐츠 생산자에게 꼭 필요한 이유

릴스나 쇼츠 같은 숏폼 영상을 기획할 때 무엇부터 해야 할까요? 초반 1초가 가장 중요하기 때문에 그 1초 동안 어떤 멘트를 할지, 어떤 자막을 넣을지 기획해야 합니다. 이런 기획은 모두 텍스트로 이루어집니다.

유튜브 영상을 기획할 때도 마찬가지입니다. 클릭률을 높이기 위해 섬네일을 기획하고, 시청 지속 시간을 높이기 위해 초반 10초 동안 할 멘트를 기획해야 하는데, 이 역시 텍스트로 이루어집니다.

기획한 릴스나 쇼츠의 효과가 좋은지 테스트해보기 위해 초반 멘트만 바꿔 여러 번 업로드하는 경우도 있습니다. 릴스 하나를 제작하는 데 걸리는 시간이 그리 길지 않다 해도, 영상 편집과 수정에는 리소스가 많이 들 수밖에 없습니다. 유튜브 롱폼 영상의 경우 첫 멘트만 바꿔 영상을 여러 개 올리기도 힘든 노릇입니다.

이럴 때 스레드가 답입니다

어떤 콘텐츠가 효과적인지 돈을 들이지 않고 비슷한 환경에서 테스트할 수 있는 SNS가 필요한데, 이럴 때 스레드를 활용하는 것이 좋습니다. 스레드는 텍스트 기반의 SNS이기 때문에 빠른 테스트가 가능합니다.

릴스에 사용할 첫 멘트 후보들을 스레드에 작성해보세요. 또는 유튜브 섬네일 문구 후보나, 영상 초반 10초에 사용할 문장 후보들을 스레드에 작성해보세요. 그런 다음 사용자들의 반응을 살펴보면 어떤 내용이 더 강하게 후킹하는지 파악할 수 있습니다. 이렇게 사전 테스트를 거친 기획을 바탕으로 콘텐츠를 제작하면 좋은 반응을 얻을 확률이 높아지게 됩니다.

스레드에는 독특한 문화가 있다? – 반말 모드

스레드를 이야기할 때 빼놓을 수 없는, 스레드만의 독특한 문화도 있습니다. 바로 '반말 모드'입니다. 물론 클럽하우스 등 과거 스타트업 업계 중심으로 핫해진 SNS 역시 반말 문화가 있었습니다. 이는 스타트업 특유의 수평적인 조직 문화에서 비롯된 것으로, 동등한 입장에서 문화와 지식을 교류하자는 의미였습니다.

클럽하우스는 99% 소통 중심 SNS였습니다. 누군가가 방을 만들고, 사람들이 참여하면 양방향 소통이 중심이 되었습니다. 물론 저같이 내향적인 사람들은 듣기만 할 수도 있었지만요.

> **Tip** 스레드 출시 초기에는 과거 보이스 기반의 SNS 클럽하우스처럼 반짝 인기에 그칠지 모른다는 우려가 있었지만, 현재 스레드는 독자적인 정체성을 가진 플랫폼으로 성장했습니다.

스레드도 마찬가지입니다. 앞서 설명한 것처럼 짧은 시간 안에 콘텐츠를 만들어 빠르게 반응을 주고받을 수 있기 때문에 소통 중심의 플랫폼이 되었고, 그 과정에서 반말 문화가 자연스럽게 자리 잡게 되었습니다.

또한 클럽하우스처럼 스타트업 업계 사람들이나 MZ세대들의 유입이 많아지면서 그들의 문화가 자연스레 섞이며, 지금의 반말 문화가 정착된 것이라고 분석됩니다.

반말 문화에 반감을 가지는 사람들도 있지만, 마냥 나쁘게 볼 필요는 없습니다. 스레드에서 반말로 소통하다가도 인스타그램 DM으로 넘어오면 다시 존대를 하거나, 실제로 만나 협업을 하면 정중하게 소통하기 때문입니다. 물론 스레드에서 반말을 한다고 해서 존중이 없는 것이 아니기도 하고요.

내 스레드 채널을 무조건 반말로 운영할 필요는 없지만, 이런 스레드 문화를 알고 시작하는 것과 모르고 시작하는 것은 차이를 만듭니다. 스레드의 톤앤매너를 이해하고 소통하는 것은 조회수에도 영향을 주기 때문에 이제 막 스레드를 시작한다면 반말 문화에 익숙해지는 것을 추천합니다.

> **Tip** 반말 사용 여부는 지향하는 퍼스널 브랜딩 방향이나, 마케팅하려는 브랜드 이미지 등에 따라 달라질 수 있습니다. 스레드에서 반말을 사용하지 않는 사용자들도 적지 않습니다. 만약 운영하는 계정과 나의 비즈니스 모델의 신뢰감, 전문성을 강조하고 싶다면 반말보다 존댓말을 사용하는 것이 적절할 수 있습니다. 이 책의 PART 02에서 다룰 브랜딩과 마케팅 전략을 참고해 본인의 방향성을 잡아보고, 그에 맞춰 반말 사용 여부를 결정해보길 바랍니다.

SECTION 02

스레드는 이런 사람들이 한다

스레드 사용자의 특징

앞서 스레드에는 반말 문화가 있다고 설명했습니다. 그럼 스레드에서는 반말로만 대화하면 만사 OK일까요? 그렇지 않습니다. 스레드 플랫폼의 특징을 파악하는 것만큼 스레드 사용자의 특징을 파악하는 것도 중요합니다.

마지막 남은 따뜻한 SNS

교류가 활발한 SNS인 인스타그램, 스레드처럼 텍스트 기반 SNS인 X를 사용해본 경험이 있다면, 이들 SNS 채널에 생각보다 따뜻한 댓글과 소통이 많지 않다는 것에 공감할 것입니다. 따뜻한 스토리가 가미된 콘텐츠에 달리는 댓글을 제외하면 서로 따뜻한 말을 주고받는 SNS가 과연 있을까 싶습니다.

하지만 스레드 사용자들은 다릅니다. 작은 말 한마디에도 서로 응원하고, 격려해줍니다. 뿐만 아니라 정말 형식적인 아침 인사, 오늘의 날씨를 곁들인 안부 인사에도 따뜻한 댓글들과 많은 좋아요를 확인할 수 있습니다.

위 이미지는 스레드에 퇴사 관련 글을 올린 사례입니다. 퇴사를 결정하게 됐으니 응원해달라는 내용의 짧은 글 하나를 올렸을 뿐인데, 스레드 사용자들이 매우 뜨겁게 반응해줍니다.

높은 조회수를 기록한 글인데, 좋아요는 3,000개 이상, 댓글은 500개가 넘게 달렸습니다. 그뿐만 아니라 리포스트는 70개가 넘죠. 당장 스레드에 '응원해줘'를 검색하면, 단순히 응원을 유도하는 글에도 반응이 활발한 것을 확인할 수 있습니다. 이렇게 짧은 글 하나에도 서로 격려와 응원을 아끼지 않는 SNS가 과연 몇이나 될까요?

맞팔로우의 온기가 남아 있어

댓글과 좋아요 등 반응만 활발한 것이 아닙니다. 스레드는 사용자들 사이 맞팔로우(맞팔) 역시 매우 활발합니다. '스팔(스레드+팔로우의 합성어)'이라는 단어도 만들어 서로 팔로우를 활발히 하고 있습니다. 물론 팔로우를 너무 많이 해버려 팔로우 기능이 막히는 경우도 속출하고 있지만요.

> **Tip** 스레드, 인스타그램은 한 번에 팔로우를 너무 여러 번 하는 경우 프로그램이 자체적으로 팔로우 기능을 막아버립니다. 그러면 일시적으로 팔로우를 할 수 없게 되는데, 통상적으로 4시간에서 길게는 2일 동안 팔로우 기능을 사용할 수 없게 되니 꼭 주의해야 합니다.

이렇게 팔로우가 활발하고, 교류가 활발한 이유는 다양하겠지만 가장 큰 이유는 스레드가 아직 블루오션인 플랫폼이기 때문일 것입니다. 인스타그램 역시 초창기에는 교류가 활발했고, 맞팔 문화 역시 매우 활발했습니다. 하지만 점차 맞팔 문화가 사라지고, 누군가를 팔로우하는 것에 매우 인색해졌습니다. 그 이유가 무엇인지에 대해서는 다음 SECTION에서 살펴보겠습니다.

감히 팔로우를 안 해?

스레드를 하다가 재밌는 글을 본 적이 있습니다. 스레드 계정을 보고, '팔로워'와 '팔로잉' 비율이 맞지 않으면, 즉 팔로워는 많으나 팔로잉을 많이 하지 않는 계정이면 팔로우하기가 꺼려진다는 글이었습니다.

인스타그램 문화를 생각해보면, 브랜드 계정 혹은 인플루언서들은 팔로잉을 하지 않는 것이 매력 포인트입니다. 팔로잉 수를 0명으로 유지하는 계정도 매우 많습니다. 신비주의 효과와 희소 가치가 있는 계정으로 보이게 하는 전략이죠.

하지만 스레드에서는 이 전략이 먹히지 않습니다. 오히려 반감을 사는 것이 대부분입니다. 그래서 인플루언서들도 스레드에서는 활발히 교류하고, 댓글을 달고, 나를 팔로우해준 사람과 맞팔을 하는 경우가 많습니다.

스레드를 잘하기 위해서는 이런 스레드 사용자들 간의 분위기와 암묵적인 기대치를 이해하는 것도 중요하니, 이런 점을 기억하고 스레드를 시작하길 바랍니다.

SECTION 03

블루오션 스레드를 바로 시작해야 하는 이유

광고 기능과의 상관관계

스레드 사용자들이 활발히 교류하고, 맞팔을 하는 가장 큰 이유는 스레드가 아직 '블루오션'인 플랫폼이기 때문입니다. 아직 대형 광고주들이 스레드에 유입되기 전이고, 스레드 광고 기능도 도입된 지 1년이 채 되지 않았습니다.

스레드는 출시 2년 만인 2025년 광고 기능을 도입했습니다. 우선 도입 국가는 미국, 일본, 인도, 대한민국 총 4개국이었습니다. 이제 막 광고 기능이 도입돼 시행되고 있기 때문에 광고의 수단보다는 교류와 소통 중심의 SNS라는 인식이 강합니다.

만약 광고가 본격화되고 스레드 인플루언서들에게 광고 협찬이 들어오게 된다면 어떻게 될까요? 사용자들 사이에서도 점점 '스레드 팔로워 수가 영향력이구나'라고 인지하게 될 겁니다. 그러다 보면 누군가를 팔로우한다는 것이 그 사람의 영향력을 키워주는 것이라는 인지를 하게 될 거고요. 이렇게 되면 점점 맞팔에 인색해져 맞팔 문화는 자연스레 사라지게 될 겁니다. 인스타그램처럼요.

　인스타그램 역시 여러 인플루언서에게 광고가 붙으면서 활발하던 팔로우 활동이 사라졌는데, 스레드 또한 비슷한 행보를 걸을 것으로 예상됩니다. 즉, 광고가 본격화되기 전인 지금이 스레드를 꼭 시작해야 하는 블루오션 시점이라는 것이죠.

스레드의 든든한 백, 인스타그램

그런데 텍스트 중심의 SNS 중 주류라고 할 수 있는 X도 있고, 이미 사용자 수가 넘쳐나는 다양한 성격의 SNS가 여럿 자리 잡고 있는 상황에서 스레드가 살아남을 수 있을지 걱정될 수 있습니다. 반짝하고 사라져 버리는 SNS에 불과하지 않을지, 내 리소스를 투입해 스레드를 시작하는 게 맞을지 고민될 수 있죠.

　스레드는 텍스트 기반의 SNS라는 특징 외에도 커다란 특징 하나를 가지고 있습니다. 이는 X와 가장 큰 차이점이라고도 할 수 있는데요. 바로 인스타그램과 연동돼 있다는 점입니다.

　인스타그램과의 연동성은 스레드가 망하지 않고 꾸준히 성장할 것이라고 보는 이유 중 하나입니다. 메타는 스레드에서 반응이 좋은 글을 인스타그램 사용자들에게 노출하고 있습니다. 스레드 콘텐츠가 지속적으로 인스타그램에 노출되기 때문에 인스타그램 사용자들이 스레드에 꾸준히 유입됩니다. 이 책을 읽고 있는 여러분들 중에서도 인스타그램을 하다가 보게 된 스레드 콘텐츠가 궁금해 스레드를 처음 시작한 경우가 많을 것입니다.

SNS 간의 연동 시스템은 생각보다 강력하고, 그 전략을 가장 잘 짜는 글로벌 기업이 메타입니다. 메타는 과거 페이스북의 사용자들을 인스타그램으로 대거 유입시킨 것처럼 현재 인스타그램의 사용자들을 스레드로 대거 유입시키고 있습니다. 따라서 스레드의 성장 가능성이 그 어떤 SNS보다 크다는 것은 의심할 여지가 없습니다.

뉴스 기사에는 이미 '스레드 사용자가 1억 명을 넘었다', '트위터(X)를 뛰어 넘었다'고 나오고 있지만, 신생 플랫폼이 기존 플랫폼의 활성 사용자 수를 추월하기에는 시간이 걸리는 게 사실이기도 합니다.

그러나 유튜브, 인스타그램 등에서 자리 잡고 있는 인플루언서들은 이미 스레드 계정을 생성해 활동하고 있습니다. 하지만 이들도 기존 플랫폼에서의 입지를 다지는 데 리소스를 사용해야 합니다. 즉 스레드까지 신경 쓰기에는 리소스가 부족하다는 뜻입니다.

아직 대부분의 인플루언서, 기업들이 발을 담그지 않은 시점이기에 스레드가 블루오션이라고 말할 수 있습니다. 지금 이 기회를 놓치지 않고 스레드에서 영향력을 높여둔다면 스레드는 향후 여러분의 브랜딩, 마케팅, 수익화 등에 분명 훌륭한 자산이 될 것입니다.

SECTION 04

스레드 완벽 이해를 위한 주요 용어 정리

스레드를 더욱 완벽하게 이해하기 위해 스레드의 주요 용어를 정리하며 이번 CHAPTER를 마무리해보겠습니다. 스레드에서 사용되는 주요 용어를 이해하는 것은 플랫폼의 기능과 커뮤니케이션 스타일을 익히는 데 중요합니다. 물론 스레드를 사용하다 보면 자연스럽게 익혀지는 부분들로 억지로 외울 필요는 없지만요.

게시글 공유 용어

우선 스레드 글 아래에 화살표가 순환하는 아이콘 을 눌렀을 때 나오는 '리포스트'에 대해 설명하겠습니다. 해당 아이콘을 누르면 [리포스트], [마크업], [인용하기] 3가지 기능을 사용할 수 있습니다.

> **Tip** 스레드는 비교적 신생 SNS로 업데이트가 잦은 편입니다. 책에서 안내하는 아이콘 모양 등은 UI 업데이트 상황에 따라 차이가 날 수 있습니다.

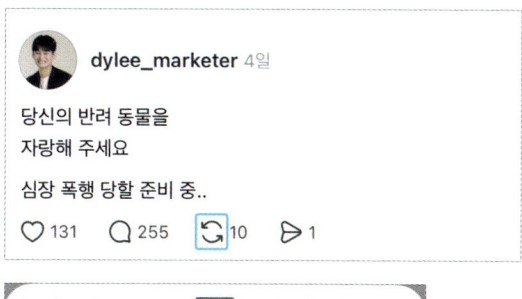

- **리포스트(Repost)** : 리포스트는 다른 사용자가 작성한 게시물을 자신의 계정에 다시 공유하는 것을 의미합니다. 자신의 팔로워들 피드에 리포스트한 글이 노출됩니다. 이를 통해 자신의 팔로워에게 유익한 콘텐츠를 공유하거나, 다른 사용자의 의견에 동의한다는 메시지를 전달할 수 있습니다.

- **마크업(Mark up)** : 마크업은 '인용'의 부가 기능입니다. 인용할 스레드 글에 형광펜을 칠하거나, 펜처럼 사용할 수 있고, 화살표를 표시할 수도 있습니다. 인용하기 전 메모나 밑줄, 강조하고 싶은 부분이 있을 때 마크업 기능을 사용합니다.

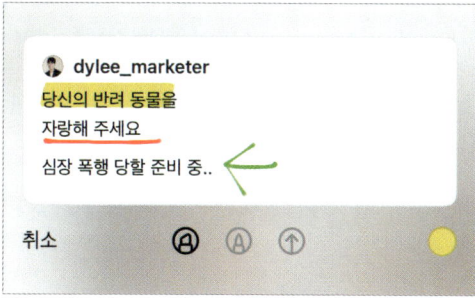

- **인용하기(Requote)** : 인용하기는 다른 사용자의 스레드 글을 자신의 스레드에 인용하여 의견을 추가하거나, 자신만의 견해를 덧붙일 때 사용합니다. 인용하기는 원본 메시지에 대한 나만의 반응이나 해석을 포함하여 대화를 확장하는 데 매우 유용합니다.

스레드 기본 용어

이어서 스레드의 기본 용어들도 알아보겠습니다.

- **팔로우(Follow)** : 특정 사용자의 스레드를 지속적으로 보고 싶을 때 해당 사용자를 팔로우합니다. 팔로우하면 해당 사용자의 최신 게시물이 내 피드에 표시됩니다.

- **멘션(Mention)** : 특정 사용자를 언급하고 싶을 때 해당 사용자의 ID 앞에 '@' 기호를 붙여 멘션합니다. 멘션된 사용자는 알림을 통해 자신이 언급된 스레드를 확인할 수 있습니다.

- **해시태그(Hashtag)** : 특정 주제를 강조하고 검색을 쉽게 하기 위해 사용합니다. 스레드는 ID 옆 '주제 추가'에 해시태그를 하나만 추가할 수 있습니다. 즉, 스레드에서는 해시태그를 여러 개 추가할 수 없습니다.

  > **Tip** 해시태그, 조회수에 도움이 될까?
  >
  > 해시태그는 조회수를 높이는 데 큰 영향을 주지 않습니다. 인스타그램, 유튜브 등 대부분의 SNS에서 해시태그의 중요도가 점점 낮아지고 있습니다. 조회수는 콘텐츠 내용과 완성도, 피드에 얼마나 노출되는지에 따라 달라지는 것이지, 해시태그를 무엇으로 다냐에 따라 달라지는 것이 아닙니다. 조회수를 높이는 것이 목적이라면 어떤 해시태그를 넣을지 고민하는 시간을 최소한으로 줄이길 바랍니다.

- **홈 피드(Home Feed)** : 사용자가 팔로우하는 계정의 최신 포스팅과 리포스트가 표시되는 페이지입니다. 피드는 사용자의 관심사에 따라 지속적으로 업데이트되며, 사용자 경험을 개인화합니다. 스레드 화면 좌측 하단 [홈] 아이콘 ⌂ 을 누르면 홈 피드로 이동할 수 있습니다.

스레드 이해는 끝!

자, 이번 CHAPTER에서 스레드란 무엇이며, 스레드 사용자들의 특징은 어떤지, 스레드가 왜 블루오션이고, 스레드의 주요 용어는 무엇인지 등을 알아봤습니다.

이를 통해 여러분은 스레드라는 플랫폼의 성격을 이해하고, 지금 시점에 왜 반드시 스레드를 해야 하는지도 느끼게 됐을 텐데요. 그럼 다음 CHAPTER로 넘어가서 본격적으로 스레드를 운영하는 방법을 알아보겠습니다.

 > ✍️ 스레드 운영 NOTE

스레드 가입 방법

스레드라는 플랫폼을 이해하고 나면 지금 당장 스레드에 가입해 블루오션 SNS에 뛰어들고 싶을 텐데요. 스레드 가입 방법은 간단합니다.

앞서 설명했듯이 스레드는 인스타그램과 연동돼 있습니다. 즉, 스레드 가입을 위해서는 인스타그램 가입이 필요합니다. 인스타그램은 개인 용도로 이미 사용하고 있는 경우가 많으므로, 브랜딩이나 마케팅, 수익화를 위한 계정을 추가로 만드는 것을 권장합니다.

인스타그램 역시 처음인 분들을 위해 인스타그램 가입 방법부터 차근차근 알아보겠습니다.

01 우선 인스타그램 설치 및 가입이 필요합니다. 인스타그램 앱 설치 후 앱을 실행합니다.

02 [휴대폰 번호 또는 이메일 주소] 항목에는 둘 중 편한 정보를 입력합니다. 여러 계정을 따로 관리할 예정이라면 이메일 주소를 다르게 하여 가입하는 것을 추천합니다. 다음으로 [비밀번호]를 입력합니다. 보안은 생명이므로 비밀번호는 특수문자를 포함해 설정합니다. [성명]은 인스타그램에서 사용할 닉네임을 입력합니다. 그런 다음 [사용자 이름], 즉 ID를 입력

합니다. 인스타그램에서는 'ID'를 '사용자 이름'이라고 합니다. 마지막으로 [가입]을 누르면 끝입니다.

Tip 성명과 사용자 이름(ID)은 어떻게 정할까?

인스타그램의 성명과 사용자 이름(ID)은 스레드에서도 그대로 사용됩니다. 따라서 스레드에서 사용할 성명과 ID를 작성해야 합니다. 성명과 ID는 실명을 활용해도 좋습니다. 예를 들어 '수진/sujin_0412'처럼요. 이렇게 간단히 정해도 스레드 활동에 큰 무리가 없습니다. 만약 실명을 밝히고 싶지 않다면 가명을 사용해도 됩니다. '부캐'로 활동하는 개념이라고 생각하면 좋습니다.

이름 뒤에 숫자 또는 의미 없는 단어를 넣고 싶지 않다면, 직업명을 활용하는 것도 좋은 방법입니다. '수진_마케터/sujin_marketer'처럼요. 이렇게 하면 나의 전문성을 어필할 수 있고, 관련된 내용의 콘텐츠를 업로드할 때 연관성을 나타내줄 수 있습니다.

이외에도 이 책의 수익화 PART에서 배울 뉴스픽 파트너스 활동이 메인이 될 것 같으면, '유머', '이슈', '뉴스', '스토리' 등의 단어를 사용하는 것도 좋은 방법입니다.

> **Tip** 성명과 사용자 이름(ID)은 변경할 수 있을까?

성명과 ID는 모두 변경 가능합니다. 성명은 14일 동안 최대 두 번까지 변경할 수 있고, ID는 한 번 변경할 경우 14일을 기다려야 합니다. 성명과 ID는 변경할 수 있으므로, 처음부터 골똘히 고민할 필요는 없습니다. 우선 계정을 생성하고 하나씩 세팅해나가는 것에 더 집중하기를 바랍니다. 완벽하게 시작하겠다는 생각을 가지면, 결국 좋은 시기를 놓치게 됩니다.

03 인스타그램 가입이 완료됐다면 스레드 앱을 설치합니다.

04 설치한 스레드 앱을 실행해 로그인 화면으로 진입한 다음 [Instagram으로 계속]을 누릅니다.

05 앞서 만들어둔 계정을 선택하면 [이용 경험 설정] 단계가 나옵니다. 해당 단계에서 [공개 프로필]로 설정할 것인지, [비공개 프로필]로 설정할 것인지 선택할 수 있습니다. 스레드를 사용하는 모든 사람들과 교류를 원한다면 [공개 프로필]을 선택하고, 승인된 팔로워들과만 소통하고 싶을 경우 [비공개 프로필]을 선택하면 됩니다. 브랜딩, 마케팅, 수익화 목적이라면 당연히 [공개 프로필]을 선택해야 합니다.

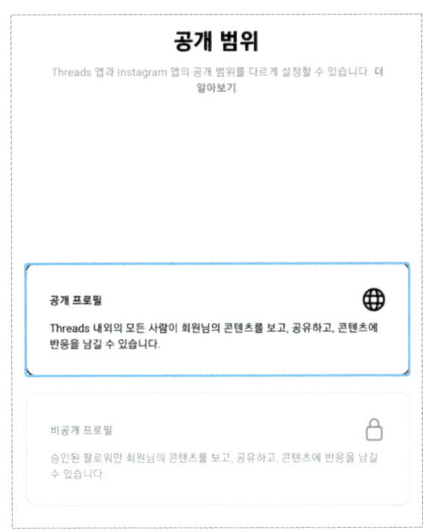

06 마지막으로 [Threads 가입하기]를 누르면 스레드 가입이 완료됩니다.

Tip 스레드에 가입해 계정을 만들었다면 계정 '2차 인증'까지 해주는 게 좋습니다. 2차 인증을 설정하는 방법은 이 책의 267페이지 APPENDIX(부록) 내용을 참고합니다.

CHAPTER 02

스레드 프로필 세팅부터 팔로워 1,000명 모으기까지

SECTION 01

스레드 프로필 세팅하기

순서대로 같이 해보는 프로필 세팅

이제 본격적으로 스레드 프로필을 세팅해보겠습니다. 인스타그램과 스레드의 성명과 ID는 연동돼 있지만, 프로필은 개별로 세팅할 수 있습니다. 우선 가입한 스레드의 프로필 화면으로 이동하겠습니다.

 스레드의 홈 화면은 피드이고, 내 프로필을 보려면 우측 하단에 프로필 사진을 클릭하면 됩니다. 프로필 사진 세팅이 되지 않은 상태라면 빈 프로필 실루엣이 보일 겁니다. 프로필 사진을 눌러주세요.

내 프로필 화면의 중앙 위쪽에 있는 [프로필 편집]을 누릅니다.

다음과 같이 프로필을 세팅할 수 있는 화면이 나옵니다. 이제부터 ①~⑤ 순서에 맞춰 프로필을 하나하나 세팅해보겠습니다.

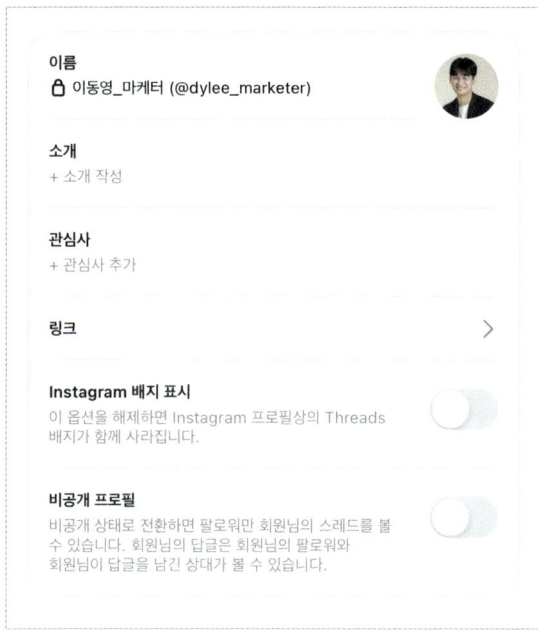

① [소개] 작성하기

먼저 [소개]를 작성해보겠습니다. [+ 소개 작성]을 누릅니다.

내용을 작성할 수 있는 화면이 나타나면 소개 글을 씁니다. 소개 작성의 핵심은 '가독성'입니다. 사람들이 내 프로필에 들어왔을 때 유심히 보게 되는 부분은 ID, 프로필 사진, 팔로워 수 정도이며, 생각보다 소개란은 눈길이 덜 갑니다. 그렇기 때문에 가독성이 중요하다는 것인데, 가독성을 높이려면 서술형이 아닌 키워드형으로 작성하는 것이 좋습니다.

- **서술형** : 상장사 마케팅 팀장을 역임하며 연 매출 200억 달성
- **키워드형** : 전) 상장사 마케팅 팀장
- **서술형** : 마장동에서 새벽에 가져온 한우만 고집
- **키워드형** : 마장동 투뿔 한우

위의 예시처럼 서술하고 싶은 내용을 최대한 키워드 위주로 작성하는 것이 핵심입니다. 어필하고 싶은 내용이 많더라도 가능한 내용을 덜어내고 키워드형으로 작성하는 것이 중요합니다.

 〉 ✏️ 스레드 운영 NOTE

'소개' 작성 체크 포인트 5가지

① 한 줄당 7~10자 사이로 표현하세요.
② 본인을 어필할 수 있는 키워드(예 : 마케터, 한우 등)를 넣어보세요.
③ 소개는 한 줄만 작성해도 충분합니다.
④ 여러 줄을 쓴다면 한 줄에 하나의 주제씩 본인을 표현할 수 있는 문장을 작성하세요.
⑤ 운영하는 사이트가 있다면 링크 클릭을 유도할 수 있는 문장을 마지막에 넣어주세요.

② 프로필 사진 세팅하기

다음은 프로필 사진 세팅입니다. 아직 프로필 사진을 설정하지 않았다면 다음 이미지처럼 빈 프로필 이미지 우측에 [+] 버튼이 보일 것입니다. 해당 버튼을 누르고, 원하는 사진을 선택하면 프로필 사진을 설정할 수 있는데요. 프로필 사진은 목적에 맞게, 나를 가장 잘 나타낼 수 있는 이미지가 좋습니다.

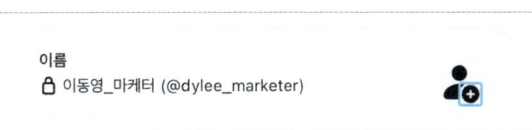

퍼스널 브랜딩 목적

스스로를 내세우는 계정을 만들고 싶다면 정면 실물 사진을 설정하는 것이 적절합니다. 아직 나의 실물을 세상에 알릴 준비가 되지 않았다면 챗GPT를 활용하는 것을 추천합니다.

01 우선 프로필 사진으로 세팅할 만한 내 사진 1장을 준비합니다.

Tip 사진은 얼굴만 나온 사진보다는 상반신이 어느 정도 나온 사진이 좋고, 주변 인물은 없는 것이 좋습니다. 뒷배경은 크게 상관없습니다.

02 챗GPT에게 이미지를 만들어 달라고 요청합니다. 한때 열풍이었던 지브리풍으로 요청해볼게요.

Tip 챗GPT 프롬프트 입력 박스 좌측의 [+] 버튼을 누른 다음 [사진 및 파일 추가]를 누르면 원하는 사진을 첨부할 수 있습니다. 챗GPT 무료 버전을 활용할 경우 파일 업로드 양에 제한이 있으니 참고하길 바랍니다.

이외에도 디즈니풍, 짱구 만화풍, 코난 만화풍 등 다양한 콘셉트의 이미지로도 만들 수 있으니, 원하는 스타일을 챗GPT에게 요청하면 됩니다.

Tip 마음에 드는 실물 사진이 없다면 나와 이미지가 비슷한 연예인 사진을 활용해볼 수도 있습니다. 챗GPT를 통해 일러스트화 하면 초상권이나 저작권 등의 문제로부터 비교적 자유로워질 수 있습니다.

 > ✏️ 스레드 운영 NOTE

AI 사진을 사용하면 안 될까?

위 이미지처럼 AI로 생성한 사진을 사용하면 안 되는지 궁금할 수 있습니다. 여러 수강생분들을 대상으로 스레드 코칭을 진행할 때 AI 사진을 활용할 경우 계정이 정지되는 빈도가 높은 것을 발견했습니다.

물론 메타의 이용 정지 가이드를 명확하게 알 수는 없으나, 익명의 계정이라고 인식될 경우 정지될 가능성도 높아 보이니 주의하기 바랍니다.

사업체 홍보 목적

만약 운영 중인 사업이 있다면 해당 사업과 관련된 배경 사진보다는 근접 촬영된 사물 사진을 프로필 사진에 넣어주는 것이 좋습니다.

스마트스토어를 통해 과일을 팔고 있다고 생각해봅시다. 프로필 사진은 피드에서 매우 작게 보이기 때문에 위의 예시 중 왼쪽 이미지처럼 배경을 설정할 경우 내가 어떤 사업을 하고 있는지 사람들에게 인식시키기 어렵습니다.

그러나 오른쪽 이미지처럼 사물 이미지를 설정한다면 직관적으로 내 사업을 알릴 수 있겠죠.

 > ✍️ 스레드 운영 NOTE

프로필 사진에 '로고'를 넣는 건 어떨까?

스레드 컨설팅을 진행하다 보면 수강생분들 중 본인만의 사업을 하고 있는 경우가 많았습니다. 로고를 만들어둔 경우에는 프로필 사진에 로고를 사용하고 싶어 하는 수강생분도 많았죠.

사업의 규모가 크다면 로고를 활용하는 것에 찬성하지만, 사용자들과 소통하며 친근한 이미지를 쌓아나갈 목적이라면 대표하는 사물을 넣으라고 권장하는 편입니다. 그럴 만한 사물이 없다면(판매하는 것이 사물이 아닌 서비스라면) 캐릭터를 만들어보라고 권장하기도 합니다.

이는 프로필 사진에 로고를 쓰는 순간, 소통보다는 홍보 목적의 계정으로 보일 수 있기 때문입니다. 스레드는 아직 '광고'보다는 '소통'을 중심으로 돌아가고 있기 때문에 내 스레드의 성격이 광고에 집중된 듯한 인상을 주는 것은 피하는 편이 좋습니다.

③ [관심사] 세팅하기

다음으로 넘어가 [+ 관심사 추가]를 눌러 관심사를 세팅합니다.

　　[수정]에서 [추가할 커뮤니티 또는 주제 검색]을 눌러 내 계정과 가장 연관 있는 키워드를 검색해 추가하면 되는데요. 책에서는 예시로 [마케팅]을 선택해봤습니다.

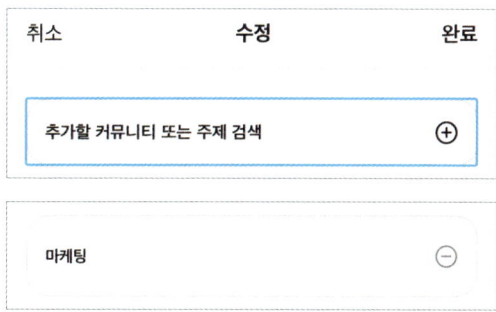

　　그러면 프로필 화면에 관심사로 추가한 키워드가 노출되는 것을 볼 수 있습니다. 관심사로 등록된 키워드 버튼을 클릭하면 해당 주제의 글들을 한 번에 볼 수 있는 탐색이 가능해집니다.

④ [링크] 세팅하기

소비자들의 인입을 유도하고 싶은 웹사이트가 있을 때 [링크]를 눌러 세팅해줄 수 있습니다. 링크는 최대 5개까지 추가할 수 있지만, 1개 링크만 사용하는 것을 추천합니다. 사용자 선택이 분산되지 않게, 내 스레드 계정 운영의 목적을 하나로 세우고, 그 목적 달성을 위한 링크 하나를 세팅하는 것이 훨씬 효율적입니다.

| 링크 | > |

> Tip 이 책의 177페이지에서 나만의 사이트를 만드는 방법도 안내합니다. 당장 추가할 만한 링크가 없다면 이후 나만의 사이트를 함께 만들고 링크를 추가해보세요.

⑤ [Instagram 배지 표시], [비공개 프로필] 설정하기

[Instagram 배지 표시]를 활성화하면 내 프로필 우측 상단에 인스타그램 배지가 표시됩니다. 사용자들이 해당 배지를 누르면 나의 인스타그램 계정으로 이동하게 됩니다.

> Tip 이 책의 248페이지에서 스레드에 발행한 콘텐츠를 인스타그램 게시물이나 릴스로 확장하는 방법도 안내합니다. 따라서 [Instagram 배지 표시]를 처음부터 활성화해두는 것을 추천합니다.

마지막으로 [비공개 프로필] 세팅입니다. [비공개 프로필]을 활성화하면 스레드에 올린 글이 모든 사람에게 노출되지 않습니다.

이 책을 읽는 여러분은 스레드를 개인 브랜딩, 마케팅, 수익화 등에 활용할 목적이므로 [비공개 프로필]은 반드시 비활성화해야 합니다. 즉, '공개 프로필'로 스레드를 운영해야 합니다.

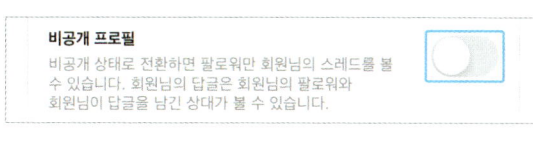

> ✏️ **스레드 운영 NOTE**
>
> ### 스레드 계정 추가로 만들기
>
> 스레드를 운영하다 보면 다른 콘셉트의 스레드 계정을 추가로 만들고 싶을 수 있습니다. 한 개의 인스타그램 계정으로는 한 개의 스레드 계정만 만들 수 있으므로, 스레드 계정 추가를 원할 시 인스타그램 계정을 추가해야 합니다.
>
> **01** 인스타그램 앱을 실행하고 좌측 하단의 프로필 사진을 꾹 누릅니다.
>
> **02** [Instagram 계정 추가]를 누릅니다. 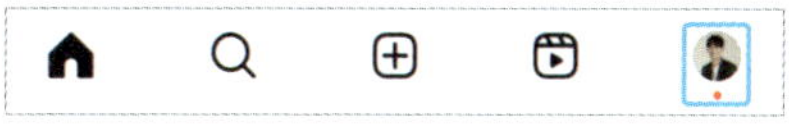
>
> **03** [새 계정 만들기]를 누릅니다. 
>
> Tip 이후 과정은 039페이지의 설명을 참고해 진행하면 됩니다.

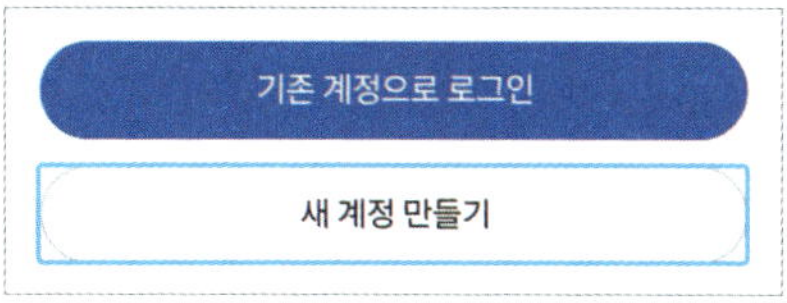

SECTION 02

스레드 팔로워 1,000명 프로젝트?!

팔로워 1,000명 프로젝트의 진실

스레드 계정을 만들고 프로필 세팅까지 마쳤으니, 이제 팔로워를 어떻게 늘릴지 고민할 차례입니다. 그에 앞서 현재 스레드에서 유행하는 팔로워 1,000명 프로젝트 문화를 살펴보겠습니다.

스레드는 곧 자체적인 수익화가 도입될 예정입니다. 즉 아직은 스레드에 수익화 기능이 활성화되지 않았다는 뜻입니다. 수익화가 도입될 경우 인스타그램처럼 보너스 혜택을 받을 만하다고 판단되는 계정들이 우선적으로 수익을 얻게 될 것입니다.

`Tip` 스레드는 인스타그램처럼 수익화 기준을 명확하게 제시하지 않을 가능성이 큽니다. 다만, 현재 인스타그램은 좋은 콘텐츠를 많이 발행하고, 성장세인 계정이라고 판단할 경우 보너스 혜택을 받을 수 있다는 알림과 메일을 전송합니다. 스레드도 이와 유사한 방식으로 '선별적 수익화'를 적용할 가능성이 큽니다.

이러한 수익화 제도는 미국 일부 사용자에게 간헐적으로 시행된 바 있는데, 우리나라 스레드 사용자들 사이에서 곧 한국도 수익화가 진행될 것이라는 소문이 돌기 시작했습니다. 이 소문은 기정사실화 되며, 특정 사용자들에 의해 수익화 기준이 루머처럼 돌기 시작했죠.

수익화 조건 중 하나가 팔로워 1,000명을 달성해야 한다는 점이었는데, 객관적이고 명확한 숫자가 제시되자 많은 사람들이 이 소문을 진실로 받아들였습니다. 그리고 너도나도 팔로워 1,000명을 달성하자는 바람이 불기 시작한 겁니다.

이 소문은 사실이 아니다

이 소문이 꽤나 설득력 있었던 건 유튜브가 명확한 수익화 조건을 제시하고 있기 때문입니다. 유튜브는 구독자 수나 시청 시간 등을 조건으로 제시하고 있고, 일정 조건을 넘기면 수익을 얻을 수 있는 시스템입니다. 그러다 보니 스레드 역시 분명한 수익화 조건이 있지 않겠느냐는 의견이 나왔고, 마침 그럴듯한 조건이 제시되자 많은 사람들이 설득된 것이죠.

앞서 설명한 대로 메타라는 회사는 수익화 기준을 명확하게 제시하지 않습니다. 결론적으로 이런 소문은 '거짓'이라고 할 수 있죠.

스하리

1,000명 프로젝트 바람이 불며 함께 생겨난 단어가 있습니다. 바로 '스하리'입니다.

- **스** : 스레드 팔로우
- **하** : 하트
- **리** : 리포스트

　스레드를 하다가 한 번쯤은 본 단어일 텐데요. '스하리'는 '스레드 팔로우', '하트', '리포스트'의 앞 글자를 따서 만든 합성어입니다. '스하리 프로젝트'라고도 불리며, 사용자들 사이에서 "스하리 갈게~"라며 인사를 건네고, 맞팔 품앗이를 하곤 합니다. 나아가 '반사'라는 단어를 합쳐 "반하리 갈게~"라고 쓰기도 하죠. 이런 단어가 생겨난 이유도 팔로워 1,000명 프로젝트와 깊은 연관이 있습니다.

"팔로워를 빨리 늘리려면 맞팔을 잘해야 한다."
"하트 수가 많아야 한다."
"리포스트 수가 많아야 한다."
"특정 사용자들의 리포스트를 받아야 한다."

　위는 스레드에서 난무한 가설들입니다. 이런 가설들이 돌며 '스하리'라는 합성어까지 만들어진 것일 텐데요. 그렇다면 우리는 팔로워를 모아야 할까요? 모으지 말아야 할까요? 팔로워 수는 중요할까요? 중요하지 않을까요? 이와 관련한 답은 이어지는 SECTION에서 자세히 살펴보겠습니다.

SECTION 03

팔로워 수보다는 콘텐츠가 중요하다

변하지 않는 본질

스레드를 단순한 소통 창구로 사용하는 사람도, 스레드로 마케팅을 하거나, 수익을 얻고 싶은 사람도 팔로워 수는 크게 중요하지 않습니다.

스레드는 게시글별로 알고리즘이 적용되기 때문에 팔로워가 0명이어도 조회수가 1만, 10만, 100만 넘게 나올 수 있습니다. 반대로 팔로워가 3만 명, 10만 명이어도 조회수가 100 이하로 나올 수 있습니다. 즉 팔로워 수에 비례하여 조회수가 나오는 것이 아니기 때문에 '1,000명 프로젝트'나 '스하리' 같은 유행에 과도하게 휘둘릴 필요는 없습니다.

소통을 위해서도 조회수가 잘 나와야 하고, 수익화를 위해서도 조회수가 잘 나와야 하는데, 결국 조회수를 결정하는 건 글을 잘 쓰는 데 달려 있기 때문입니다. 즉 본질에 충실해 유익하거나 재밌는 콘텐츠를 만들면 된다는 것이죠.

알려지지 않은 알고리즘이지만, 형식적으로 하트를 받거나, 리포스트를 받는다고 해도 조회수 '떡상'에 큰 영향을 주지 않을 가능성이 높습니다. 특정 콘텐츠를 얼마나 많은 사람들이 보았는지, 얼마나 오랜 시간 해당 콘텐츠에 머물렀는지, 좋아요와 댓글은 얼마나 받았는지 등이 복합적으로 확인돼야 노출 수가 증가하고 조회수가 증가합니다.

한 스레드 사용자가 1,000명 프로젝트 관련 글을 올렸고, 나는 그 글에 좋아요와 댓글을 남긴 후 넘어갔다고 가정해보겠습니다. 스레드 알고리즘은 내가 해당 사용자의 글을 좋아한다고 생각해 다음에 또 그 사용자의 글을 내 피드에 노출시켜줄 겁니다. 그러나 해당 사용자가 새로 올린 글이 캠핑 관련 내용이었고, 내가 캠핑에 관심이 없다면 어떻게 될까요? 아무런 상호작용 없이 지나쳐버릴 겁니다. 소통이 유의미하게 지속되지 않는 것이죠.

본질에 집중하는 게 더 중요하다

1,000명 프로젝트나 스하리는 지속적인 계정 발전보다는 단발적인 성장에만 도움을 줍니다. 스레드 계정을 정말 제대로 키우려면 콘텐츠 본질에 더욱 신경을 써야 하고, 일관된 주제의 글을 꾸준히 쓰는 것이 훨씬 중요합니다.

SECTION 04

그럼에도 팔로워를 모아야 하는 이유

팔로워 = 영향력

본질에 집중하면 팔로워 수는 자연스레 따라올 거라 생각하고 스레드에 올릴 글의 내용에만 집중하면 될까요? 안타깝지만 그렇지는 않습니다. '콘텐츠'라는 본질을 우선시하라는 뜻일 뿐 팔로워 수 역시 무시할 수 없는 부분입니다.

저는 스레드 컨설팅과 강연을 진행할 때 수강생분들께 스하리를 통해 팔로워를 모으는 것을 추천합니다. 심지어 그 방법을 자세히 안내하고 있습니다.

"가장 큰 이유는 팔로워가 곧 영향력이기 때문입니다."

저도 자기소개가 필요할 때 스레드 팔로워 수를 말합니다. 인간은 심리적으로 단축된 경로로 누군가를 판단하길 원합니다. "코스닥 상장사 마케팅 팀장을 역임했으며, 마케팅 모든 분야를 섭렵했고, 매출 성과는 …" 등으로 길게 소개하는 것보다 팔로워 수를 이야기하는 것이 훨씬 직관적이고 효과적입니다.

"한 달 만에 스레드 팔로워 1만 명을 달성한 이동영"
"현재 스레드 팔로워 3.5만 명을 보유한 이동영"

위와 같이 설명하는 것이 훨씬 단축된 경로로 저를 소개하는 방법이겠죠. 팔로워나 구독자를 100명, 1,000명 모으는 것은 쉬워도 1만 명 이상 모으는 것은 생각보다 어렵다는 인식이 강하기 때문에 그 자체로 가치가 인정되는 것입니다.

위 이미지처럼 프로필 화면에 표시되는 팔로워 수는 공신력을 확보해줍니다. 스레드가 프로필 소개란에 팔로워 수를 보이지 않게 없애지 않는 한 팔로워 수가 곧 영향력이라는 사실은 변하지 않을 것입니다.

팔로워 수에 따라 달라지는 광고 단가

스레드를 운영하는 목적이 수익이라면 광고 협찬받기를 기대할 것입니다. 현재 인스타그램과 유튜브를 하고 있는 연예인, 스포츠 스타들부터 팔로워 수가 적은 마이크로 인플루언서까지 다양한 사람들이 광고 협찬을 받고 있습니다.

> **Tip** '마이크로 인플루언서'란 통상적으로 팔로워나 구독자 수가 적은 인플루언서를 말합니다. 반대어로는 '메가 인플루언서'가 있는데, 이는 팔로워나 구독자 수가 많은 인플루언서를 말합니다.

예전에는 비교적 인지도가 높은 인플루언서들만 광고 협찬을 받았지만, SNS의 영향력이 커지고, 대기업뿐만 아닌 중소기업들도 인플루언서 마케팅을 원하게 되면서 마이크로 인플루언서까지 광고 협찬을 많이 받는 시대가 됐습니다. 광고를 협찬하는 기업들도 매우 다양해졌고, 광고를 진행하고자 하는 인플루언서의 형태 역시 매우 다양해진 겁니다.

광고 협찬의 형태가 다양해진 만큼 인플루언서가 받는 광고 단가 역시 천차만별입니다. 그렇다면 광고 단가를 결정짓는 가장 중요한 요인은 무엇일까요? 바로 팔로워 수입니다.

팔로워만 많으면 되는 건가?

그렇다면 팔로워 수만 늘려두면 높은 광고 단가를 받을 수 있는 걸까요? 그것은 아닙니다. 물론 많은 광고주들이 팔로워 수를 중요한 지표로 보고 있지만 다른 지표 역시 중요합니다.

팔로워 수가 곧 영향력이라는 인식이 생기며 높은 광고 단가를 받기 위해 매크로 프로그램 등으로 팔로워를 인위적으로 늘리는 작업이 많아졌습니다. 광고주들은 팔로워 수만 참고하는 것이 아니고, 실제 조회수, 댓글 수, 충성 고객의 수 등 여러 바이럴 지표를 참고합니다.

그럼에도 웬만하면 팔로워 수를 미리 늘려두라고 추천하는 이유는 팔로워 수부터 매력적이지 않다면, 기타 바이럴 지표인 조회수나 댓글 수를 보기 전에 예선 통과조차 하지 못할 수 있기 때문입니다.

1,000명 프로젝트 이용하기

그렇다면 어떻게 해야 스레드 팔로워를 늘릴 수 있을까요? 앞에서 언급한 1,000명 프로젝트를 이용한다면 팔로워를 쉽게 늘릴 수 있습니다.

앞서 설명한 바에 의하면 아직 스레드에서는 팔로워 수가 영향력이라는 인식이 적고, 팔로우 품앗이를 하는 데 거부감이 없는 상황입니다. 즉, 이 시기를 기회로 삼을 줄 알아야 합니다.

> Tip '혹시 이런 품앗이 작업이 내 스레드 계정에 악영향을 주는 건 아닐까?'라고 생각하는 분들이 있을 것 같은데, 전혀 문제 되지 않습니다. 그 이유는 스레드 알고리즘에 대해 설명하는 이 책의 129페이지에서 상세히 설명하겠습니다.

단순히 맞팔하자는 내용도 좋고, 나의 일상이나 말하고 싶은 주제와 맞팔 요청을 엮어 사용해도 좋습니다. 이어지는 예시 이미지처럼 나의 생각이나 인사이트를 적으며 자연스럽게 팔로우를 유도하는 것입니다.

다른 SNS에서도 팔로워를 늘리는 다양한 전략이 지속적으로 생겨나고 있는데요. 몇 줄의 글로, 짧게는 단 3줄의 글로 팔로우를 유도할 수 있는 SNS는 스레드만 한 게 없습니다. 사진을 찍을 필요도, 영상을 촬영하고 편집할 필요도 없이 텍스트 몇 줄만으로 팔로워를 모을 수 있는 것이죠.

기회는 영원하지 않다

'1,000명 프로젝트'나 '스하리'같은 스레드 특유의 문화와 유행이 언제까지 이어질지 모릅니다. 조만간 광고 기능이 도입되고, 협찬 광고가 많아지게 되면 스레드 사용자들 사이에서도 점차 팔로워 수가 영향력이라는 인식이 강해질 것입니다.

이렇게 되면 서로 팔로우해주는 문화는 점점 줄어들고, 팔로워 확보가 어려워질 수밖에 없습니다. 아직 스레드 특유의 문화가 유행일 때 올라타는 것을 추천합니다. 이것은 편법이 아니라, 흐름을 이용할줄 아는 영리한 행동입니다.

이것도 하나의 연습

광고 단가가 팔로워 수만으로 결정되는 것도 아니고, 콘텐츠 본질이 좋지 않으면 2차적인 조회수 증가로 이어지지도 않다 보니 1,000명 프로젝트나 스하리를 하지 않아도 된다고 생각할 수 있습니다. 하지만 이것도 '하나의 연습'이라고 생각해야 합니다.

   1,000명 프로젝트 관련 글을 쓴다고 무조건 팔로워가 느는 것은 아닙니다. 스레드에서는 글이 곧 콘텐츠이기 때문에 어떻게 글을 쓰느냐에 따라 반응이 제각각일 수밖에 없습니다.

   맞팔을 유도할 때도 어떻게 글을 써야 사람들이 반응해주는지, 즉 '스하리'를 해주는지 미리 경험치를 쌓아두면 향후 스레드를 활용한 브랜딩, 마케팅, 수익화 작업에 큰 도움이 됩니다. 결국 어떤 글을 써야 반응을 얻을 수 있는가에 대한 풍부한 경험치가 성공의 핵심이기 때문입니다.

SECTION 05

'글'만 써서 팔로워 모으기
- '1,000명 프로젝트' 본격 이용

이제 본격적으로 스레드에 글을 써볼 시간입니다. 이번 SECTION에서는 단순히 글을 쓰는 개괄적인 방법을 안내하는 것이 아닌, 제가 빠른 시간 안에 팔로워 1,000명 이상을 모을 수 있었던 글들을 실제 사례로 제시하겠습니다. 우선은 스레드에 글을 작성하는 것과 관련된 다양한 기능들을 먼저 알아보겠습니다.

스레드 게시글 작성 관련 다양한 기능들

스레드 게시글을 작성하려면 스레드 앱에 접속 후 하단 영역 중앙의 [+] 아이콘을 누릅니다.

그러면 아래 이미지와 같은 화면이 보이는데, 이 화면의 기능들을 하나씩 자세히 살펴보도록 하겠습니다.

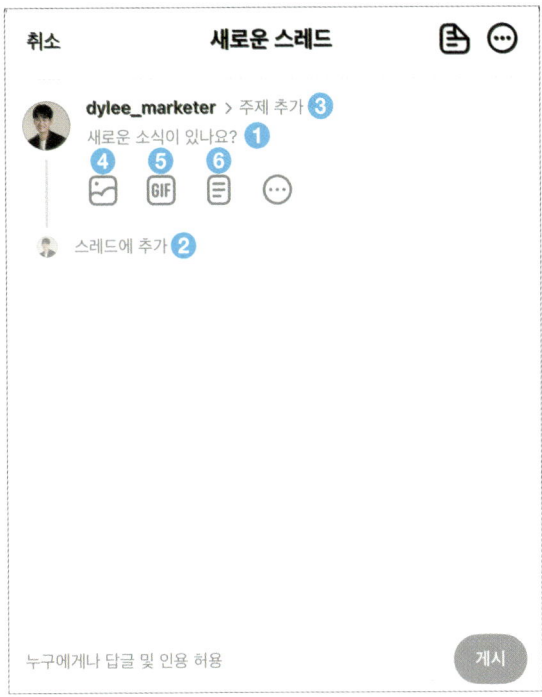

❶ [새로운 소식이 있나요?] 영역에 스레드 게시글을 작성할 수 있습니다.

Tip 스포일러(블라인드) 기능을 통해 사용자들에게 궁금증을 유발하는 글을 작성할 수 있습니다. 글을 작성하고, 블라인드하고 싶은 부분을 드래그한 뒤 [스포일러로 표시]를 누르면 됩니다. 그러면 해당 텍스트가 가려진 채로 사용자들에게 보이고, 사용자가 가려진 부분을 누를 경우 작성한 텍스트가 나오는 형식입니다.

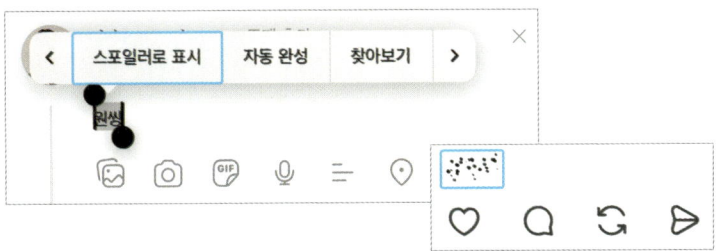

❷ 스레드는 댓글도 한 번에 작성 가능합니다. [새로운 소식이 있나요?] 부분에 글을 작성하거나 이미지를 첨부하면 [스레드에 추가] 영역에 댓글도 작성할 수 있습니다. 게시글 없이 댓글 작성은 불가능합니다.

❸ [주제 추가]는 앞서 038페이지에서 스레드 주요 용어를 설명할 때 언급했던 '해시태그'입니다.

❹ 사진 아이콘을 눌러 사진 이미지를 첨부할 수 있습니다.

❺ GIF 아이콘을 눌러 각종 밈과 짤을 활용할 수 있습니다.

❻ 메시지 첨부 파일 아이콘을 눌러 긴 글을 작성할 수 있습니다. 이 기능을 활용하면 분량의 제한에서 자유로운 긴 글을 쓸 수 있습니다. 이 기능으로 긴 글을 써서 게시하면 회색 박스 안에 들어가 스레드 사용자들에게 노출되며, [더 보기]를 누를 경우 전체 글이 나옵니다.

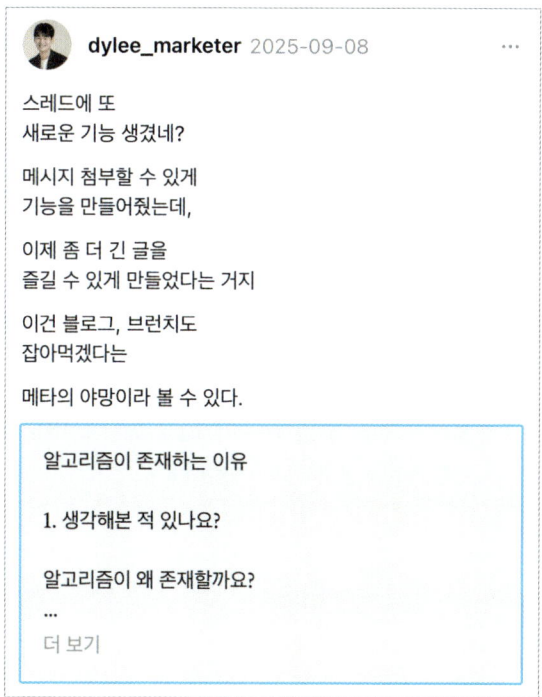

추가 기능

메시지 첨부 파일 아이콘 옆에 있는 더보기 아이콘을 누르면 글쓰기와 관련된 추가 기능을 확인할 수 있습니다.

❼ 카메라 아이콘을 눌러 사진을 바로 촬영해 첨부할 수도 있습니다.

❽ 설문 조사 아이콘을 눌러 설문도 진행할 수 있습니다.

Tip 설문조사 기능을 사용하기보다는 게시글에 '1.' '2.' 등 설문 항목을 작성한 뒤 댓글을 유도하는 글이 더 좋은 반응을 일으킵니다. 단순히 투표에 참여하는 것보다 댓글을 작성하게 만들어야 알고리즘이 봤을 때 더 가치가 높은 게시글이라 판단하게 됩니다. 댓글이 많아지면 다른 사용자들도 댓글을 구경하며 내 게시글에 체류하는 시간이 높아지기 때문에 이 역시 알고리즘에 유리합니다.

❾ 음성 아이콘을 눌러 현재 음성을 녹음해 업로드할 수 있습니다.

❿ 위치 아이콘을 눌러 나의 위치를 알릴 수 있습니다. 현재의 주소를 알리는 기능이라기보다는 '주제 추가'와 같은 일종의 해시태그 기능을 합니다. 사용자들이 해당 위치가 달린 게시글을 한 번에 몰아서 볼 수 있으니까요.

우측 상단의 더보기 아이콘을 눌러도 글쓰기와 관련된 추가 기능을 확인할 수 있습니다.

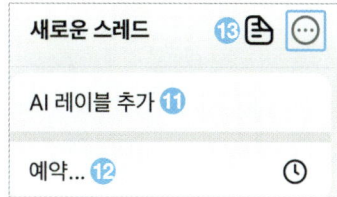

⓫ [AI 레이블 추가]를 누르면 게시글에 관련 문구(AI 정보)가 표시됩니다. AI를 활용한 콘텐츠, 특히 AI로 만든 이미지라면 혼란을 막기 위해 AI 게시글이라는 것을 표시해주는 것을 권장합니다. AI 활용의 경우 윤리적 문제를 불러일으킬 수 있기 때문입니다.

⓬ [예약] 기능을 통해 원하는 시간에 게시글을 업로드할 수 있습니다. 해외에 사는데, 점심 안부를 묻고 싶거나 시차에 맞게 주말 인사를 하고 싶은 경우 등에 사용하면 됩니다. 또는 특정 이벤트를 진행할 때도 예약 기능을 활용할 수 있습니다.

⓭ 글을 작성한 다음 게시하지 않고, 임시저장 아이콘을 누르면 임시저장할 수 있습니다. 임시저장한 게시글은 해당 아이콘을 다시 누르면 확인할 수 있습니다.

탈탈 털어드리는 실제 사례

이제 스레드 글쓰기를 위해 알아야 하는 기본적인 기능 설명이 끝났으니, 실제 팔로워를 1,000명 이상 모으게 만들어줬던 게시글 예시를 공개하겠습니다.

여기서 중요하게 체크할 점은 어떻게 글의 가독성을 살렸는지입니다. 스레드는 텍스트 기반의 SNS이기 때문에 텍스트의 가독성이 매우 중요합니다. 우선 예시 글들을 쭉 살펴본 후 다시 설명을 이어가겠습니다.

dylee_marketer > 주제 추가

스레드 서버 종료

될 때까지
쭉 스친 스팔할 사람🙌🏻

dylee_marketer > 주제 추가

진짜 솔직하게 고백할게...

나 스레드에서 유명해지고싶어.. 🥹 🥹
소통 열심히 할테니까
서로 스하리해주자!!

무조건 반사 갈게!!!!!

dylee_marketer > 주제 추가

이 글에 댓글 하나만 달아도,
너는 스친이 많이 생길거야!

왜냐면, 내가 리포스트 다 해줄거니까!
그러면 너의 글이 더 많이 노출이 될거야!

망설이지 말고 들어와🍀

dylee_marketer > 주제 추가

스레드 아직 블루오션이야🐳

연예인, 대형 인플루언서,
대기업들이 유입되면
지금보다 더 힘들어질거야

우린 초창기 멤버라 생각하고,
서로 도와야 해!

결론 : 스팔하자

우선 글의 내용부터 확인하면 '서로 돕자', '팔로우하고 스레드 계정을 성장시켜보자'는 긍정적인 에너지를 전파하는 글들임을 확인할 수 있습니다. 실제로 이런 글들을 올렸을 때 좋은 반응을 얻었고, 한 달 만에 1만 팔로워를 모으는 데 기반이 된 글들입니다.

가독성을 살리는 방법 3가지

앞서 강조했던 가독성을 어떻게 살려야 하는지 살펴보겠습니다. 스레드 게시글에서 가독성을 살리는 방법은 크게 3가지입니다.

① 첫 줄을 제목처럼 활용하기

스레드는 블로그와 다르게 게시글과 제목을 구분 짓는 기능이 없습니다. 따라서 행을 나누어 첫 줄을 제목처럼 활용하는 것이 좋습니다. 첫 줄에서 전체적인 내용이 파악되게 하고, 관심을 끌어야 사람들이 이후 내용까지 읽기 때문입니다.

이어지는 사례는 "스레드 아직 블루오션이야"라고 게시글의 내용을 제목처럼 던지고, 이어지는 글을 작성했습니다.

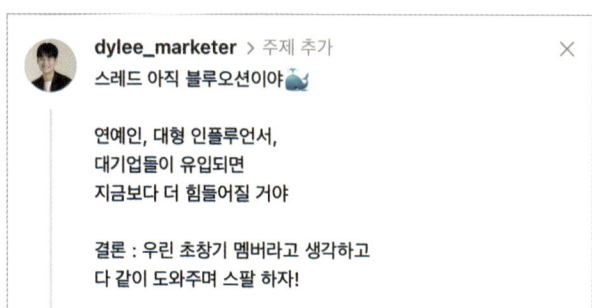

나아가 이어지는 사례들처럼 "스레드 서비스 종료"라고 하거나 "진짜 솔직하게 고백할게"와 같은 문장을 활용하여 제목에 후킹 전략을 사용할 수도 있습니다.

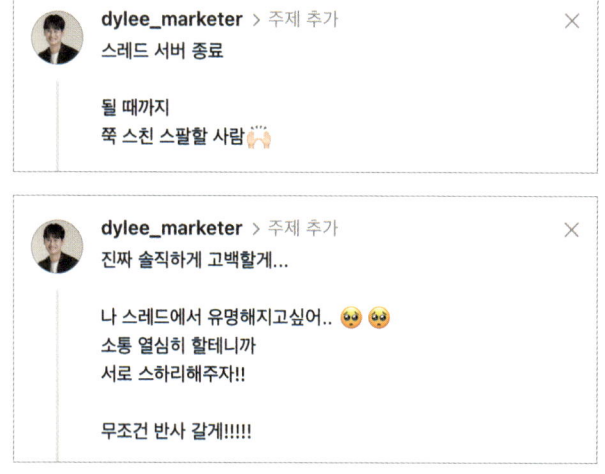

② 3줄 이상 늘리지 말기

스레드는 콘텐츠를 소비하는 속도가 매우 빠른 SNS입니다. 만약 줄글이 3줄 이상 늘어난다면 글을 읽고 싶은 마음이 떨어지게 됩니다. 지루하게 느낄 수 있는 것이죠. 그래서 글을 작성할 때

3줄 이상 길어지지 않게 줄 간격을 띄어줘야 합니다. 만약 내용이 많다면 다음 예시글처럼 넘버링을 매겨 가독성을 살려주는 것도 좋은 방법입니다.

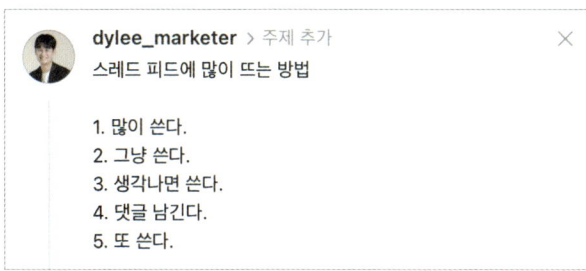

3줄 이상 늘리지 말라는 뜻이 긴 글은 무조건 작성하지 말라는 것은 아닙니다. 필요 시 글을 길게 작성하더라도, 적절히 줄 간격을 띄어 가독성을 살리는 연습을 필수로 하기 바랍니다.

③ 무조건 띄우지 말고 리듬감 살리기

아래 예시처럼 가독성을 살리겠다고 모든 줄을 다 띄우면 오히려 가독성이 망가집니다. 붙일 부분은 붙이고, 띨 부분은 띄어 글의 리듬감을 살리는 것이 중요합니다.

SECTION 06

AI를 활용하여 팔로워 늘리기

'스하리 메이커' 활용하기

텍스트 중심의 SNS인 스레드답게 스레드가 제공하는 다양한 글쓰기 관련 기능도 알겠고, 글의 가독성과 리듬감을 살리는 게 중요하다는 것도 알겠는데, 어떤 글을 작성해야 할지 감을 잡기 어려운 분들도 많을 거라 생각합니다. 스레드를 처음 시작하면 특히 막막하게 느껴질 것입니다.

지금은 AI 시대입니다. 챗GPT가 나온 이후 텍스트 생성 관련 작업은 어떤 분야보다 빠르게 발전하고 있습니다. 스레드도 AI를 활용하면 쉽게 접근할 수 있습니다.

스레드 글쓰기가 막막하고 어렵다면 제가 챗GPT를 활용해 만든, 스하리 글을 생성할 수 있는 생성기를 활용해보세요. 일명 '스하리 메이커'입니다.

>  다 퍼주는 부가자료
>
> **스하리 메이커**
>
> 아래의 QR 코드를 스캔하거나, PC에서 URL을 입력하면 스하리 메이커에 접속할 수 있습니다.
>
>
>
> URL https://hanb.link/1bb4

스하리 메이커에 접속하면 아래와 같이 귀여운(?) AI 로봇이 여러분을 반갑게 맞이해줄 겁니다.

"ㄱㄱ" 혹은 "하나더"를 입력하면 스하리
글을 만들어 줍니다.
LEE DONGYOUNG 작성

복잡한 명령어를 작성할 필요 없습니다. 화면에 적혀 있는 대로 "ㄱㄱ" 혹은 "하나더"라는 명령어만 입력하면 스하리 메이커가 알아서 스레드에 올릴 만한 글을 작성해줍니다.

만약 첫 번째 줄 다음에 간격을 주고 싶다면, 스레드에 내용을 그대로 복사한 뒤 [Enter] 하나만 입력해 글을 작성해주면 됩니다. 아래처럼 말이죠.

'일상글 메이커' 활용하기

일상적인 글을 스레드에 게시하고 싶다면, 여러분께 드리는 두 번째 선물인 '일상글 메이커'를 사용하면 됩니다.

> 💙 다 퍼주는 부가자료

일상글 메이커

아래의 QR 코드를 스캔하거나, PC에서 URL을 입력하면 일상글 메이커에 접속할 수 있습니다.

URL https://hanb.link/1bb5

일상글 메이커에 접속하면 아래와 같은 화면이 뜹니다.

관심 있는 주제를 입력하세요. 예: 자취, 아이폰, 전세, 재테크, 운동 루틴 등 주제를 못 고르겠다면 "랜덤"이라고 입력하면 됩니다. 아래 5가지 유형 중 하나로 자동 생성된 글을 드릴게요.

LEE DONGYOUNG 작성

일상글 메이커 역시 사용법은 매우 간단합니다. 원하는 주제가 없다면 "랜덤"을 입력하고, 원하는 주제가 있다면 해당 주제를 키워드로 입력하면 됩니다.

> 랜덤

여기 완전 랜덤 밸런스 게임 하나 가져왔어

밖에 나가기 vs 집에서 힐링

당신은 어디가 더 좋음?

> 테니스

[테니스 용어 정리]

1. 랠리 : 서로 공 주고받는 동안의 플레이
2. 에이스 : 서브만으로 득점, 상대가 못 받음

> 테니스

이번엔 MBTI별 테니스 할 때 특징

INTJ : 기술부터 분석, 전략 짜고 들어감
INTP : 라켓 감각 익히는 데만도 흥미 느낌
ENTJ : 연습도 실전처럼, 목표는 대회 우승
ENTP : 이것도 콘텐츠지, 경기 중 중계도 함

그러면 자동으로 밸런스 게임이나, MBTI별 특징 등 스레드에서 반응이 좋을 만한 주제에 맞는 글이 스레드 스타일에 맞게 생성됩니다. 이 글 역시 가독성을 살리기 위해 스스로 다듬는 과정을 거쳐 스레드에 올리면 팔로워 늘리기에 도움이 될 겁니다.

AI는 어디까지나 AI에 불과하다

여러분이 이 생성기들을 200% 활용해 팔로워 1,000명 혹은 그 이상을 모았으면 좋겠습니다. 다만 너무 AI에 의존하여 생성기가 만들어준 글들을 단순히 복사-붙여넣기 하지는 않았으면 좋겠습니다.

　가독성을 살리고, 더 좋은 주제 또는 더 좋은 글로 발전시킬 수 없을지 꼭 스스로 확인하는 작업을 진행한 뒤 게시글을 올려야 더 높은 조회수를 얻을 수 있습니다. 그래야 팔로워도 빨리 늘 것이고요.

　뿐만 아니라 수익화를 진행하거나 내 사업과 관련된 글을 작성할 때는 AI에 의존하기보다는 결국 스스로 글을 작성하는 스킬을 길러야 합니다. AI는 '이런 식으로 글을 작성하면 되는구나', '다른 인사이트를 얻기 어려웠는데, 이런 주제로 글을 쓸 수도 있네'와 같이 생각을 확장하는 용도로 사용하는 것을 추천합니다.

　물론 부가자료로 제공한 2가지 생성기는 제가 끊임없이 발전시킬 예정이니, 언제든 마음껏 사용해 여러분의 스레드를 쭉쭉 키워나가길 바랍니다.

PART 02

스레드로 브랜딩, 마케팅하기

CHAPTER 01

브랜딩을 완성하는
다양한 방법

스레드 브랜딩

SECTION 01

스레드 계정 브랜딩하기

이제 계정에 브랜딩을 할 차례입니다. 브랜딩은 거창한 게 아닙니다. 조금 과장해 말하자면 SNS를 시작한 것으로 이미 브랜딩을 시작했다고 볼 수 있습니다.

   오랜 시간을 들여 기획해 나온 것만이 브랜딩은 아닙니다. SNS 아이디를 만들고, 프로필 사진을 세팅하고, 글을 썼다면 그 자체로 브랜딩입니다. 즉, PART 01을 읽고 실행에 옮긴 여러분은 이미 브랜딩을 시작한 겁니다. 지금부터는 여러분이 이미 시작한 브랜딩을 어떻게 더 쉽고 효과적으로 할 수 있는지 알아보겠습니다.

키워드로 브랜딩하기

'공무원 시험 합격'은?
'31' 하면 떠오르는 브랜드는?

   머릿속에 바로 떠오른 브랜드가 있을 겁니다. 이처럼 짧고 반복 가능한 키워드나 문구는 브랜드 정체성을 강화하는 효과적인 도구가 됩니다.

닉네임·ID에 키워드 넣기

브랜딩에서 중요한 것은 대단한 것을 '시작하는 것'이 아니라 키워드 하나, 문장 하나를 꾸준하게 노출해 '일관성을 주는 것'입니다.

그중 가장 쉬운 것은 이름(닉네임)이나 사용자 이름(ID)을 변경하는 겁니다. 내가 어떤 글을 써도 항상 노출되기 때문에 닉네임, ID만 바꿔도 브랜딩을 일관성 있게 할 수 있습니다.

어필하고 싶은 키워드를 찾아 닉네임, ID에 넣어보세요. 마케팅 관련 업무를 하고 있다면 'marketer'와 같은 키워드를, 과일을 판매한다면 '열대과일', '수입과일', '제철과일' 같은 키워드를 넣을 수 있겠죠.

게시글에서 꾸준히 언급하기

게시글을 작성할 때도 마찬가지입니다. 글의 시작이나 끝에 특정 문장을 넣으면, 그것만으로도 원하는 이미지를 전달할 수 있습니다.

게시글마다 끝에 "책 사세요"와 같은 문구를 넣는다면 서점 주인 혹은 책 관련 인플루언서임을 어필할 수 있을 겁니다. 초콜릿을 만들어 판매한다면 "초콜릿은 ○○○"이라는 문구를 게시글 끝에 계속 넣어보세요.

1,000명이 나의 게시글을 조회해 10명만 인식해도 브랜딩은

이루어진 것입니다. 앞서 언급했듯이 브랜딩은 한 번에 각인시키는 것이 아닌 서서히 어필하는 것입니다.

컬러와 비주얼로 브랜딩하기

다음은 프로필 이미지를 활용한 브랜딩입니다. 스레드를 살펴보면 생각보다 많은 사람이 프로필 이미지 세팅에 크게 신경 쓰지 않는다는 것을 알 수 있습니다. 그러나 프로필 이미지는 한 번 세팅해두고 일관되게 사용하면 내 브랜딩에 큰 도움을 줍니다.

컬러 설정하기

컬러부터 설정해보겠습니다. 컬러별로 주는 심리적인 효과가 있습니다. 예를 들어 파란색은 전문성을 강조할 수 있고, 보라색은 고급스러운 느낌을 강조할 수 있죠.

내가 어필하고 싶은 인상은 무엇인지, 내 브랜드를 이야기했을 때 떠오르게 하고 싶은 대표적인 감정은 무엇인지를 정한 뒤, 이어지는 표를 참고해 대표 컬러를 선택해보세요.

색상	심리적 인상	대표 감정/키워드	브랜드 예시
🔴 빨강	강렬함, 긴급함, 에너지	열정, 속도	코카콜라, 유튜브, SPAO
🟠 주황	활기, 따뜻함, 젊음	친근함, 창의성, 활동성	환타
🟡 노랑	명랑함, 주목성	긍정, 유쾌함	카카오
🟢 초록	안정감, 자연, 건강	힐링, 균형, 생명력	올리브영, 스타벅스, 네이버

● 파랑	전문성, 신뢰감, 시원함	안정, 냉정, 기술	삼성, 페이스북, 포스코, 현대 자동차
● 보라	고급스러움, 신비로움	독창성, 영감, 감성	밀리의 서재, 마켓컬리
● 검정	세련됨, 권위	럭셔리, 모던, 무게감	샤넬, 나이키, 무신사
○ 흰색	순수함, 여백, 깔끔함	청결, 단순함, 자유	애플, 소니, 서울우유

비주얼 설정하기

퍼스널 브랜딩을 하는 대부분의 사람들은 시간을 들여 실물 사진 촬영을 합니다. 얼굴이 자세히 보이는 사진을 프로필에 사용하기 위해서입니다.

실물 프로필 사진을 쓰는 이유는 무엇보다 신뢰 때문입니다. SNS는 가짜 정보와 어그로성 정보가 넘쳐나는 공간인데, 얼굴을 공개하고 전하는 메시지는 그 자체로 신뢰를 높입니다. '얼굴을 걸고 하는 말이니 믿을 수 있다'라는 인식을 주게 되죠.

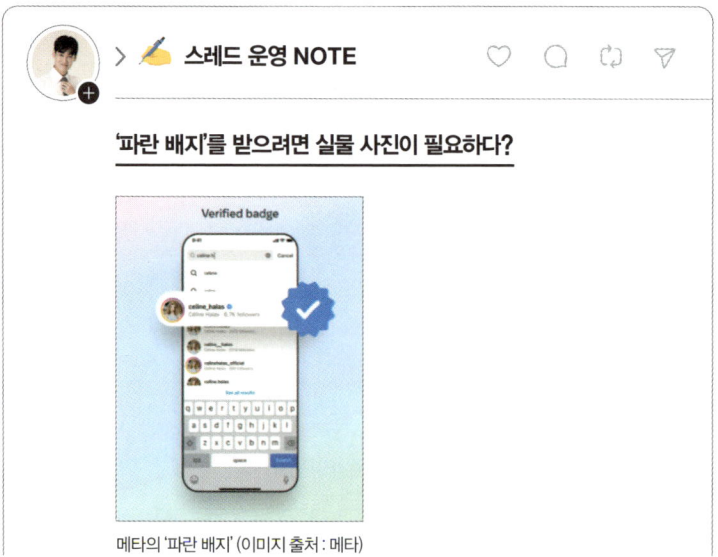

메타의 '파란 배지' (이미지 출처 : 메타)

> 퍼스널 브랜딩을 하는 사람들이 프로필에 실물 사진을 쓰는 이유는 메타의 상품인 '파란 배지' 때문이기도 합니다. 'Meta Verified'라고 불리는 설정 때문이죠.
>
> Meta Verified 승인을 받기 위해 필요한 조건은 아래 2가지입니다.
>
> ① 실물 인증이 가능한 사진을 프로필로 세팅
> ② 이름에 실명 사용
>
> 파란 배지는 소비자에게 신뢰를 쌓을 수 있게 도움을 주는 등 여러 가지 역할을 합니다. 그렇기 때문에 퍼스널 브랜딩을 하는 사람들은 파란 배지를 달기 위해서라도 프로필 사진에 얼굴을 사용하는 것입니다.
>
> `Tip` 위 2가지 조건을 추후 변경할 시 Meta Verified가 해제될 수 있습니다.

앞서 살펴본 컬러도 적용하면 좋겠죠? 아래 예시처럼 브랜드 컬러를 배경색으로 넣어 프로필 사진을 만들면 브랜딩을 더욱 탄탄하게 할 수 있습니다.

브랜딩은 작은 것부터 시작하는 것입니다. 복잡하게 생각하면 시작하기 힘들어집니다. 닉네임 · ID에 키워드 하나, 반복할 문구 하나, 컬러 하나, 프로필 이미지 하나부터 바꿔보길 바랍니다.

SECTION 02

캐릭터로 브랜딩하기

앞선 SECTION을 읽으면서 아래와 같은 고민을 한 분들이 있을 겁니다.

"퍼스널 브랜딩을 하고 싶은데 얼굴 노출은 꺼려져요."
"브랜드를 대표하는 이미지가 없어요."
"이미 판매하는 상품이 있지만 특색이 없어요."

이럴 때 필요한 게 바로 캐릭터입니다.

캐릭터 활용의 장점

친근한 이미지

캐릭터 사용의 장점은 친근감을 강조할 수 있다는 점입니다. 실물 인상이 강한 편이라면 친근한 이미지를 브랜드에 녹여내기 힘듭니다. 그럴 때 캐릭터를 사용하면 사람들과 정서적 관계를 보다 효과적으로 형성할 수 있습니다.

차별화

SNS에는 정보가 넘쳐납니다. 즉 정보 공급자가 이미 넘쳐난다는 뜻입니다. 스레드를 하기로 마음먹었다면 넘쳐나는 공급자들 사이에서 살아남아야 합니다.

캐릭터를 활용하면 다른 정보 공급자와 구분되는 이미지를 만들어 차별성을 확보할 수 있습니다. 사람들은 정보 제공자의 성격을 이미지로 기억하기 때문입니다.

2차 수익화

캐릭터를 만들어 꾸준히 소통하면 팬덤이 생길 수 있습니다. 팬덤이 생기면 오히려 팔로워들이 굿즈를 요청하기도 합니다. 캐릭터로 이모티콘을 만들거나 굿즈를 만들어 또 다른 수익 파이프라인을 확보할 수 있습니다.

챗GPT로 10초 만에 캐릭터 만들고 활용하기

이미 많은 인플루언서들이 캐릭터를 활용해 브랜딩을 하고 있습니다. 불과 몇 년 전만 해도 캐릭터를 만드는 것은 어려운 일이었습니다. 하지만 AI 시대에는 다릅니다. 챗GPT를 활용하면 순식간에 캐릭터를 만들 수 있습니다. 지금부터 챗GPT를 활용해 귀여운 캐릭터를 하나 만들어보겠습니다.

프롬프트

펭귄을 활용한 캐릭터 이미지를 하나 만들어줘.
2D 일러스트로 만들어주고, 심플한 스타일이면 좋겠어.

요청하신 이미지입니다. 수정하고 싶은 부분이나 추가할 부분 있다면 말씀주세요.

위와 같이 프롬프트를 간단하게 입력해도 깔끔한 이미지가 나옵니다. 앞서 배운 대로, 생성한 캐릭터에 원하는 컬러를 배경으로 입히면 브랜드 이미지를 더욱 효과적으로 강조할 수 있습니다.

이번에는 배경을 원하는 컬러로 설정하고, 스레드 관련 캐릭터임을 드러내기 위해 스레드 로고도 넣어달라고 챗GPT에게 요청해보겠습니다.

프롬프트

뒷 배경은 네이비 컬러로 만들어줘.
그리고 스레드 로고를 활용해줘.
프로필 이미지로 활용할 거야.

요청하신 이미지입니다. 수정하고 싶은 부분이나 추가할 부분 있다면 말씀주세요.

다양한 상황에 캐릭터를 활용하기 위해 방향이나 모션, 표정을 추가로 요청할 수도 있습니다.

 프롬프트

캐릭터의 옆면도 그려줘.
이 캐릭터를 계속해서 활용할 거야.

 요청하신 이미지입니다. 수정하고 싶은 부분이나 추가할 부분 있다면 말씀주세요.

다음은 손을 들면서 웃는 모습

 요청하신 이미지입니다. 수정하고 싶은 부분이나 추가할 부분 있다면 말씀주세요.

　브랜딩 방향에 맞춰 프롬프트를 입력해 여러분만의 캐릭터를 생성해보세요. AI를 활용하면 예전과 비교할 수 없을 정도로 수월하게 캐릭터를 만들 수 있습니다.

　물론 캐릭터를 '만드는 것'이 중요한 게 아닙니다. 그 캐릭터로 어떻게 '일관적인 브랜딩을 해나가느냐'가 더 중요하다는 점을 꼭 기억하길 바랍니다.

SECTION 03

폰트로 브랜딩하기

실물 사진도, 캐릭터도 싫다면? 폰트 활용하기

실물 사진은 쓰고 싶지 않은데, 캐릭터를 만들기도 싫다면 폰트를 활용할 수 있습니다. 폰트 하나만 잘 활용해도 브랜딩을 효과적으로 할 수 있습니다.

폰트 브랜딩으로 1.5만 명 팔로워 달성

아래는 폰트를 활용한 브랜딩을 통해 1.5만 명 팔로워를 달성한 실제 사례입니다.

폰트로 브랜딩한 프로필 이미지에 ID의 'books' 키워드, "책 사세요"와 같은 마지막 소개 문구가 잘 결합돼 실물 사진이나 캐릭터를 활용하지 않고도 효과적인 브랜딩이 됐습니다.

예시로 제시한 분은 배경 컬러로 흰색을 사용했습니다. 여러분도 앞서 정한 브랜드 컬러에 폰트를 넣어 프로필 이미지를 만들어보세요. 아래의 표 내용을 활용해 내가 구축하고자 하는 이미지에 맞는 폰트를 골라보면 도움이 될 겁니다.

구축하고 싶은 브랜드 이미지	추천 무료 폰트	특징/사용 예
• 따뜻함 • 친근함 • 감성적	• 나눔손글씨 시리즈 • 에스코어 드림	• 손글씨 스타일 • 감성 콘텐츠에 적합 • 감성 브랜딩용
• 신뢰 • 정직 • 깔끔함	• Noto Sans KR • Spoqa Han Sans • G마켓 산스	• 현대적 산세리프 스타일 • IT, 교육, B2B 콘텐츠용
• 고급 • 세련 • 절제	• 프리텐다드 • 한겨레결체 • 제주 명조체	• 미니멀한 스타일 • 뷰티, 디자인, 럭셔리 브랜딩용
• 감성 • 창의 • 예술적	• 배민체 시리즈 • 티머니 둥근체 • 강원교육서체	• 약간의 변형이 들어간 개성 있는 스타일 • 일러스트, 에디토리얼 콘텐츠에 적합 • 예술 관련 브랜딩용
• 트렌디 • Z세대 • 캐주얼	• 오뮤 다예쁨체 • 빙그레체	• 개성 있고 유쾌한 스타일 • 캐릭터 브랜딩에 함께 쓰거나 SNS 마케팅용
• 부드러움 • 여성 중심 • 라이프스타일	• 아리따체 • 스위트체	• 곡선이 살아 있고 우아한 스타일 • 감성 쇼핑몰, 홈스타일 브랜딩용
• 강렬함 • 존재감 • 임팩트	• Yoon Gothic 700 (무료 버전) • 국대떡볶이체	• 볼드한 스타일 • 자영업, 식품 서비스 브랜딩용

SECTION 04

스레드를 할 때 브랜딩이 중요한 이유

브랜딩의 중요성을 아는 것은 중요하다

그런데 브랜딩은 왜 필요할까요? 키워드, 문구, 컬러, 실물 사진, 캐릭터, 폰트 등을 활용해 브랜딩에 집중해야 하는 이유는 무엇일까요?

이 책을 구매해 읽고 있는 여러분은 스레드를 단순한 일상 공유용으로 사용할 계획이 아닐 겁니다. 퍼스널 브랜딩에 관심이 있거나, 회사 또는 상품을 홍보해야 하거나, 수익화를 원하는 분들이겠죠.

얻고자 하는 목적이 무엇이든 브랜딩에 대해, 브랜딩의 중요성에 대해 알고 스레드를 하는 것과 모르고 하는 것은 큰 차이가 생길 수밖에 없습니다.

지금부터 앞서 언급한, 공급자 과잉인 SNS에서 브랜드 차별성을 두어 사람들 눈에 띄어야 하는 이유뿐만 아니라, 브랜딩이 중요한 다양한 이유를 더 알아보겠습니다.

마케팅 비용 최소화, 마케팅 효율 극대화

마케팅은 크게 브랜드 마케팅Brand Marketing과 페이드 마케팅Paid Marketing으로 나뉩니다.

> Tip 브랜드 마케팅은 다른 말로 오가닉 마케팅(Organic Marketing)이라고도 불립니다.

두 마케팅의 가장 큰 차이점은 비용을 지출해 매체에 광고를 하느냐 마느냐입니다. 비용을 쓰는 페이드 마케팅은 단기간에 상품과 서비스를 노출시킬 수 있다는 장점이 있지만 마케팅 비용에 한계가 있는 사람에게는 부담스러울 수 있습니다.

반면 브랜드 마케팅은 사람들이 인식하기까지 시간이 걸린다는 단점이 있지만, 비용 부담이 덜합니다. 따라서 많은 마케터들이 브랜드 마케팅에 리소스를 투자합니다.

SNS 하나만 잘 키워도 페이드 마케팅이 필요 없을 수 있습니다. 페이드 마케팅은 광고를 멈추는 순간 노출이나 유입도 멈출 가능성이 높지만, 제대로 된 브랜딩으로 브랜드 마케팅을 하면 지속적인 유입을 기대할 수 있습니다.

잘 키운 스레드 계정에 쓴 한 줄의 글로 브랜드 마케팅을 할 수 있으므로, 스레드로 브랜딩을 잘 쌓아가는 것은 중요합니다.

 스레드 운영 NOTE

브랜드 마케팅 VS 페이드 마케팅

상장사 마케팅 팀장으로 일할 때 브랜딩이 중요한지, 페이드 광고를 통한 매출이 중요한지를 두고 동료들과 논의한 적이 많았습니다. 제 답변은 항상 "둘 다 중요하다"였습니다.

> 브랜딩이 되지 않은 채 페이드 마케팅 비용을 쏟아부으면 당장은 매출 성과가 나와도 마케팅 중단과 동시에 효율은 0에 가까워집니다.
>
> 반면 페이드 마케팅을 하지 않고, 시간이 필요한 브랜드 마케팅만 하면 매출이 중요한 회사 입장에서는 초조해지기 마련입니다.
>
> 결국 회사와 서비스, 전략에 맞게 적절히 리소스와 예산을 분배하여 마케팅하는 것이 중요합니다. 페이드 광고가 불을 지피는 도구라면, 열기를 유지하는 것이 브랜딩이라고 볼 수 있습니다.

싸게만 팔아서는 살아남을 수 없다

나의 상품 혹은 서비스의 가격은 어떻게 책정해야 할까요? 사업을 해봤거나, 마케터 혹은 상품 기획자라면 한 번은 고민해봤을 겁니다.

단순히 최저가로만 판매하는 것이 최선일까요?
경쟁사들에 비해 가격을 낮게 책정하는 것이 최선일까요?

가격 경쟁을 하면 치킨게임Chicken Game으로 이어져 경쟁자와 나 모두 큰 피해를 입을 수 있습니다. 쿠팡 같은 거대 기업이라면 자본력으로 버티면서 시장을 장악할 수 있겠지만, 일반 기업이나 개인에게는 불가능에 가까운 전략입니다. 결국 객단가를 높이면서 매출까지 끌어올리는 전략이 필요한데, 이때 필요한 것도 바로 브랜딩입니다.

> **Tip** '치킨게임'은 어느 한 쪽이 이길 때까지 서로 피해를 봐가며 경쟁하다가 결국 둘 다 큰 피해를 입는 상황을 의미하는 경제 용어입니다.

브랜드 신뢰도가 중요하다

객단가를 높이면서도 가치를 높이는 방법은 신뢰를 구축하는 것입니다. 심리적으로 인간은 똑같은 말이어도 '누가' 말하느냐에 따라 다르게 반응합니다.

마케터가 '브랜딩'에 대해 이야기하는 것이 신뢰가 갈까요?
개발자가 '브랜딩'에 대해 이야기하는 것이 신뢰가 갈까요?

당연히 마케터일 겁니다. 반대로 '코딩' 또는 'API'에 대해 말한다면 개발자의 말에 신뢰가 갈 테고요. 스레드에서도 마찬가지입니다. 내가 어필하고 싶은 전문성이나 판매하고자 하는 아이템이 있다면, 꾸준히 그 주제에 대해 이야기하면서 브랜딩에 신뢰를 쌓아야 합니다.

스레드를 활용하면 브랜딩 어렵지 않다

브랜딩, 정말 어려운 개념이 아닙니다. 스레드에서 내가 추구하는 방향에 맞게 초기 설정을 잘하고, 원하는 주제에 대해 짧은 글로 지속적으로 이야기만 해도 신뢰는 쌓입니다.

그렇게 신뢰가 쌓이면, 즉 브랜딩이 되면 나의 서비스 혹은 상품의 가격을 올리더라도 '이 사람이 하는 거니까', '이 사람이 파는 거니까'라는 인식이 생길 것입니다.

CHAPTER 02

타깃에게 꽂히는 글 쓰기

스레드 마케팅

SECTION 01

스레드 '페르소나' 설정하기

마케팅에서 페르소나 설정의 중요성

앞선 CHAPTER를 통해 브랜딩에 대한 설명은 마쳤습니다. 그렇다면 이제는 '누구에게 마케팅할 것인가'를 준비해야 합니다.

Tip 회사에 소속된 마케터만 마케팅을 하는 게 아닙니다. 퍼스널 브랜딩을 하거나 부수입을 원하는 사람도 자신의 브랜딩을 통해 원하는 목적을 얻기 위해서 반드시 마케팅하는 법을 알아야 합니다.

그 첫 번째 단계가 페르소나 설정입니다. 쉽게 말하면 '누가 이 글을 읽을지 정하는 것'입니다. 스레드에 글을 쓸 때는 그 '누구'에게 이야기하듯 쓰는 게 좋습니다.

Tip 브랜드 마케팅을 할 때도 페르소나를 설정하고, 그 페르소나 한 사람을 만족시키겠다는 생각으로 진행합니다. 스레드에 글을 작성할 때도 모두를 만족시키겠다는 생각보다는 한 사람을 만족시킨다는 생각으로 글을 쓰는 것이 더 효과적입니다.

예를 들면 '29살에 퇴사를 고민 중인 서울 구로구에서 자취하는 여성'과 같은 하나의 인격을 만드는 겁니다. 많은 분들이 마케팅에서 타깃을 설정할 때 '20대~30대' 혹은 '20대 여성'으로만 설정합니다. 하지만 이러한 타깃 설정은 '누구든 보면 흥미를 느끼겠지?'라고 생각하는 것에 불과해 효과가 떨어집니다. 스레드도 마찬가지입니다.

페르소나 설정하는 법

아래 페르소나는 잘 설정된 페르소나일까요?

- 20대 직장인
- 재테크에 관심 있는 사람

그렇지 않습니다. 요즘에는 타깃을 이렇게 단순하게 나누지 않습니다. 더 명확하고 뾰족하게 만드는 것이 중요하며, 나아가 인격까지 불어넣어야 페르소나 설정이 완성됩니다.

- ❶31살 ❷판교 IT 대기업 5년 차 ❸과장 최수진. ❹연봉은 1억에 가깝지만 ❺높은 월세와 학자금 대출에 허덕인다. 매일 밤 '이대로 회사의 부품으로 늙어갈 순 없어'라며 ❻사이드 프로젝트를 꿈꾸지만 잦은 야근에 지쳐 결국 넷플릭스만 보다 잠드는 자신에게 ❼자괴감을 느끼는 상태다.

위와 같은 방식이 페르소나를 설정하는 방식입니다. 나이는 몇 살이고, 어떤 직장을 다니는지, 연봉이나 현재 재정 상태는 어떤지, 관심사 또는 어떤 생각을 하고 있는지, 어떤 심리 상태인지까지 명확하고 디테일하게 설정하는 것이 중요합니다.

주제와 소재 선정의 필수템, 페르소나

페르소나 설정이 중요한 이유는 주제나 소재를 선정하는 데 큰 도움이 되기 때문입니다. 오늘은 무슨 내용을 쓸까 고민될 때 내가 설정한 페르소나를 떠올리면 시간이 절약됩니다.

사실 스레드에서는 다양한 이야기를 해도 됩니다. 즉 설정한 페르소나가 좋아할 만한 주제 말고 다른 주제로 이야기를 작성해도 큰 문제는 없다는 뜻입니다.

그러나 오히려 이런 자율성과 무한대의 확장성이 스레드 초보자에게는 독이 될 수 있습니다. 선택지가 많을수록 어떤 이야기를 해야 할지 결정하기 어려워지기 때문입니다.

그래서 처음에는 페르소나를 명확하게 설정하고, 페르소나가 만족할 만한 이야기를 하면서 좋은 글을 쓰는 연습을 하는 과정이 필요합니다.

흐릿한 타깃 설정과 뾰족한 타깃 설정

흐릿한 타깃 설정과 페르소나를 잘 정리한 뾰족한 타깃 설정의 차이를 확인해보겠습니다.

- 👎 **흐릿한 타깃 설정** : 퇴사하고 느낀 점
- 👍 **뾰족한 타깃 설정** : 34살 팀장이 퇴사하고 느낀 점

- 👎 **흐릿한 타깃 설정** : 육아할 때 꿀팁
- 👍 **뾰족한 타깃 설정** : 3살 아들 어린이집 보낼 때 꿀팁

- 👎 **흐릿한 타깃 설정** : 아파트 매매 시 꿀팁
- 👍 **뾰족한 타깃 설정** : 신혼부부 첫 아파트 매매 시 꿀팁

- 👎 **흐릿한 타깃 설정** : 헬스 초보 후기
- 👍 **뾰족한 타깃 설정** : 헬스 1개월 차 PT 찐후기

차이가 보이나요? 이런 방식으로 조금 더 뾰족한 타깃을 만들어 주제를 잡는 것이 중요합니다.

페르소나 기반 주제 선정

그럼 앞서 101페이지에서 설정한 페르소나 '최수진'과 관련된 스레드 주제를 선정해보겠습니다.

- 퇴근하고 갈 만한 '판교' 근처 술집
- '연봉 1억' 넘고 나서 느낀 점
- '학자금 대출' 갚는 데 걸리는 시간
- 퇴근하고 30분만 투자해도 되는 부업

이런 방식으로 페르소나를 활용해 다양한 콘텐츠를 뽑는 겁니다. 단순한 술집 추천이 아닌 '판교'라는 장소로 더욱 뾰족하게 만들고, 고연봉과 같은 추상적인 단어가 아닌 '연봉 1억'과 같이 구체적인 금액을 작성하거나, '대출'과 '부업' 등 다양한 카테고리의 주제를 활용하는 것이죠.

> **Tip** 앞서 배운 대로 스레드는 반말 문화가 있기 때문에 친구에게 말하듯 작성하는 것이 중요합니다. 따라서 가능하면 페르소나는 또래나 친한 동생으로 설정하는 것을 추천합니다. 이렇게 하면 스레드 문화에 맞는 콘텐츠를 제작하는 데 도움이 됩니다.

페르소나로 스하리 글 만들기

앞선 PART에서 스하리로 팔로워 모으는 것의 중요성을 설명했는데요. 다음 예시 이미지처럼 스하리를 할 때 설정한 페르소나의 지역 정보를 말해보는 것을 추천합니다. 이렇게만 해도 더 뾰족한 스하리 글을 만들 수 있습니다. 지역 외에도 나이, 관심사 등 다양한 정보를 말해보세요.

혹시 행신 사는 사람 있어?
남들이 어디 사냐고 물으면 행신이라 하면 몰라
일산이나 화정 옆이라고 하면 그제서야
"아~~일산!" 하면서 알아서

귀찮아서 걍 일산 산다고 할 때 있음.
그만큼 동네 인지도가 바닥임

♡ 179   💬 172   🔄 6   ➤ 2

페르소나 추가하기

페르소나 설정에 어느 정도 익숙해졌다면 페르소나를 하나 더 만들어보길 바랍니다. 앞서 설명한 대로 스레드는 주제를 다양하게 가져가도 괜찮은 SNS입니다. 즉 다른 페르소나를 만든다면, 더 다양한 주제를 선정할 수 있습니다.

다만, 극단적으로 다른 페르소나를 추가하기보다는 기존에 설정했던 페르소나에서 크게 벗어나지 않는 것부터 추가하는 것을 추천합니다.

> Tip 페르소나를 설정할 때는 진정성이 깔려 있어야 합니다. 경험해보지 못했거나 생각해보지 못한 페르소나를 설정하면 진정성이 떨어지고, 페르소나가 명확해도 주제 활용이 어려울 수 있습니다.

너무 타깃이 집중되면 안 좋은 거 아닐까?

지금까지 스레드를 운영할 때 페르소나를 설정하는 것의 중요성에 대해 말했습니다. 그런데 너무 타깃이 집중되면 안 좋은 건 아닐지 걱정될 수 있습니다.

페르소나는 오히려 구체성을 더하여 캐릭터와 스토리를 풍부하게 만들어줍니다. 우리가 29살 무직 여성의 이야기를 쓴다고 30~40대 직장인들이 외면할까요? 그렇지 않습니다. 30~40대는 '요즘 20대 후반 사람들은 이런 고민을 하는구나'라고 생각할 것입니다.

오히려 아무런 페르소나 없이 광범위한 이야기만 한다면 콘텐츠의 가치가 떨어져 그 누구에게도 타깃되지 않는다는 점을 명심하길 바랍니다.

SECTION 02

상대가 원하는 스레드 글 쓰기

문제 찾기

페르소나를 설정해도 '다음은 무엇을 쓸까'를 항상 생각하게 됩니다. 가장 효율적인 방법은 내가 설정한 페르소나의 문제를 찾는 것부터 시작하는 것입니다. 문제를 해결해주는 글은 단순히 재미있는 이야기보다 훨씬 더 좋은 반응을 얻을 수 있습니다.

> Tip 페르소나에 해당하는 사람들이 본인의 문제를 해결해주는 글을 본다면 그 글이 유용하다고 느낄 것이고, 조회수나 팔로워가 자연스레 증가합니다.

그 사람이 처한 환경, 할 만한 고민들을 생각해보고 그 문제를 문장으로 정리해보길 바랍니다. 어떤 고통이 있는지, 어떤 결핍이 있는지 찾는 겁니다.

예를 들면 "퇴근하고 오면 피곤한데, 하루 1시간만 투자해서 돈 벌 수 있는 방법은 없나?", "풋살은 하고 싶은데, 40대라 그냥 취미로만 할 수 있는 방법 없나?"와 같이 페르소나의 문제를 찾아보고 문장으로 정리하는 겁니다.

문제 해결해주기

페르소나의 문제를 찾았다면 글을 쓸 준비는 끝입니다. 이제 상대방이 원하는 글, 즉 문제를 해결해주는 글을 작성하면 됩니다.

문제 해결을 너무 어렵게 생각할 필요는 없습니다. 스레드는 블로그처럼 논리 정연하게 긴 글을 쓸 필요가 없고, 유튜브처럼 영상을 만들 필요도 없습니다.

스레드는 문제를 해결하는 방법을 간단하게 제시해도 충분히 좋은 조회수를 기록할 수 있습니다. 처음 게시글을 쓸 때부터 모든 해결 방법을 고안하고, 쓸 내용을 기획하는 것은 스레드에서는 효율적이지 않을 수 있습니다. '이 정도면 도움이 되겠지?'라는 가벼운 마음으로 글을 쓰는 것을 추천합니다.

즉 너무 오래 고민하고 글을 작성하기보다는 최대한 가볍게 해결법을 던져주기를 바랍니다. 만약 조회수가 잘 나오지 않는다면, 다른 주제의 고민 또는 다른 해결 방법을 간단히 적어본 다음 조회수를 분석하세요.

그렇게 진행하다 조회수 반응이 좋다면 그 해결 방법에 디테일을 더하는 방식으로 콘텐츠를 발전시켜나가는 것이 스레드를 잘하는 방법입니다.

해결 방법을 모르겠다면 전문가 찬스 쓰기

해결 방법을 모르거나 나의 전문 분야가 아닐 경우에는 전문가의 댓글 참여를 유도하는 것도 좋은 방법입니다.

저는 헬스 전문가가 아니지만 스레드에 "헬스 전문가들 질문!" 이라는 첫 문장을 적어 전문가들의 댓글 반응을 유도한 적이 있는데요. 전문가들의 의견을 듣고자 하는 사람들의 댓글 조회가 합쳐져 7만 이상의 조회수를 기록한 사례가 있습니다.

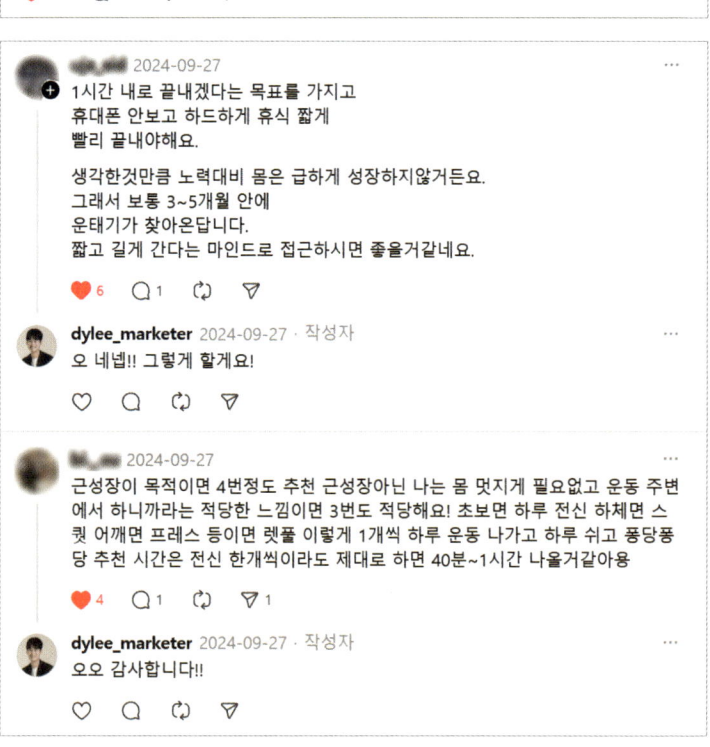

스레드에서는 다른 사람들의 댓글도 콘텐츠의 일부입니다. 페르소나의 문제 해결 방법을 모르겠다면 질문을 던져 전문가의 참여를 유도하는 방법을 꼭 사용해보길 바랍니다.

SECTION 03

사용자의 관심을 이끄는 스토리 만들기

스토리에 반응하는 인간의 본성

인간은 예로부터 불 앞에 둘러앉아 서로의 스토리를 공유했습니다. 스토리는 곧 생존의 도구로서, 경험을 전하고 지혜를 공유하는 가장 효과적인 수단이었습니다.

오늘날에도 마찬가지입니다. 인간은 본능적으로 스토리에 반응합니다. 전달하려는 정보가 있다면 스토리를 만들어보는 것도 추천합니다. 내가 겪었던 일들을 구성에 따라 나열해 상대방이 반응할 만한 이야기를 만드는 겁니다.

반응을 끌어내는 3단계 이야기 구성

인간이 본능적으로 반응하는 이야기 구성 중 가장 대표적인 것은 '시작-전개-변화'입니다. 이 구성을 활용해 스레드 글을 쓰면 사람들은 쉽게 몰입하고 끝까지 읽게 됩니다.

① 시작
- 팀장이 내일부터 퇴사 준비하라고 했다.
- 카드값 500만 원이 나왔다.

위와 같이 스토리를 시작합니다. 위기나 갈등 상황으로 시작하면 스토리를 구성하기 쉽습니다. 나아가 스레드는 첫 문장이 중요한데, 임팩트 있는 문장을 시작에 쓰면 시선 끌기에도 효과적입니다.

② 전개
- 정신 차리고 내 장점을 이력서에 적어보기로 했다.
- 지금의 굴레를 끊기 위해 신용카드부터 잘랐다.

위와 같이 어떤 깨달음을 통해 어떤 행동을 시작했는지를 작성합니다. 다음 단계인 '변화'를 위한 빌드업이라고 보면 됩니다.

③ 변화
- 결국 난 직장 생활에 어울리지 않다는 걸 깨닫고 창업을 했다.
- 재테크는 선택이 아닌 필수라는 걸 깨닫고 매일 공부하고 있다.

위와 같이 나에게 어떤 변화가 있었는지를 작성합니다. 이렇게 스토리를 구성하면 단순한 경험담이 아니라 '직장 생활만이 정답이 아니다', '재테크는 필수다'라는 메시지를 담은 스토리로 발전할 수 있습니다.

> Tip 결과를 어떻게 맺느냐에 따라 반응이 달라집니다. 추가될 스토리를 궁금하게 만들어 팔로우를 하거나 댓글을 달게 만들어야 합니다.

> Tip 스레드에 글을 쓸 때는 중간중간 또 다른 갈등 상황을 추가하고, 나의 감정이나 생각의 변화까지 추가해 스토리를 이어나가면 됩니다.

'위기'만으로도 조회수가 나온다

만약 스토리를 구성하기 어렵다면 '시작' 단계에서 '위기'만 작성해도 높은 조회수를 얻을 수 있습니다. 스레드의 장점은 문제를 반드시 해결해주지 않아도 된다는 것입니다.

앞선 PART에서 살펴본 것처럼 스레드는 아직 온기가 남아 있는 SNS입니다. 단순한 공감만 유도해도 조회수나 댓글 반응을 얻을 수 있습니다.

> Tip 030페이지에서 살펴본 대로 스레드는 공감을 원하고, 응원을 유도하는 글의 반응도 매우 좋은 편입니다. 스레드 사용자들 사이에서 우스갯소리로 '스레드는 실패를 얘기해도 괜찮은 공간'이라고 말할 정도입니다.

브랜드 계정이라면 사업을 하면서 생기는 어려움에 대해서 이야기해보세요. 부업을 하고 있다면 부업을 하면서 겪었던 서러움에 대해서 이야기해보세요.

CHAPTER 03

떡상을 위한 스레드 알고리즘 이해

스레드 마케팅

SECTION 01

알고리즘을 알아야 스레드를 정복한다

알고리즘 100% 파악은 불가능하다?

SNS를 잘하는 가장 효율적인 방법은 무엇일까요? 바로 알고리즘을 이해하는 것입니다. 물론 알고리즘의 비밀을 100% 파악하는 것은 불가능에 가깝습니다.

저는 스레드 컨설팅을 할 때 "누군가가 스레드 알고리즘의 비밀을 모두 알고 있다고 말한다면 그 사람은 스레드 개발자 혹은 사기꾼"이라고 말합니다. 알고리즘은 회사의 비법 소스와도 같아 기밀이기 때문입니다.

알고리즘은 매번 변화한다

알고리즘 100% 파악이 불가능에 가까운 또 다른 이유는 알고리즘이 매번 바뀌기 때문입니다. 가령 과거에 유튜브, 인스타그램은 해시태그가 매우 중요했습니다. 사람들이 필요한 영상 혹은 이미지를 찾을 때 해시태그를 사용했기 때문에 많은 사람들이 검색하는 해시태그를 넣으면 노출될 가능성이 높았죠. 해시태그를 넘칠 정도로 넣는 사람들도 매우 많았습니다.

하지만 콘텐츠와 전혀 연관 없는 해시태그를 남발하는 경우가 많아져 사용자들의 사용성과 만족도가 떨어지자 알고리즘이 바뀌었습니다. 아무리 해시태그를 많이 넣어도 콘텐츠와 연관성이 없다면 노출시켜주지 않도록 바뀌었죠.

> Tip 038페이지에서 설명했듯 스레드는 심지어 해시태그를 하나 이상 넣지 못하게 만들고, 용어 역시 '주제 추가'로 변경하는 등 해시태그의 기능을 약화했습니다.

그럼에도 알고리즘 이해는 중요하다

알고리즘은 정답을 알기 어렵지만, 알고리즘 이해를 포기해서는 안 됩니다. 우리는 스레드를 효율적으로 사용하기 위해 항상 알고리즘을 관찰하고 분석해야 합니다.

그럼 다음 SECTION으로 넘어가 스레드 알고리즘에 어떤 특징들이 있는지 자세히 알아보겠습니다.

> Tip 스레드 알고리즘의 특징은 PART 04에서 안내할 수익화 전략과도 깊은 연관이 있는 내용이니 유심히 살펴보길 바랍니다.

알고리즘이 존재하는 이유

알고리즘을 이해하려면 알고리즘이 존재하는 이유를 먼저 알아야 합니다. 스레드를 포함한 인스타그램, 유튜브, 블로그 등 모든 SNS에는 알고리즘이 존재합니다. 그렇다면 알고리즘이 존재하는 이유는 무엇일까요?

스레드와 인스타그램의 모회사인 메타는 영리 단체입니다. 즉 이익을 추구하는 기업이라는 뜻이죠. 그러므로 메타는 스레드와 인스타그램을 통해서 수익을 창출해야 합니다.

메타가 운영하는 SNS인 인스타그램에서 가장 매출 비중이 높은 분야는 무엇일까요? 바로 광고입니다. 그럼 광고 수익을 내려면 어떻게 해야 할까요? SNS에 방문하는 사람들의 수를 늘려야 하고, 방문한 사람들이 SNS에 머무는 체류 시간을 늘려야 합니다.

그렇다면 메타를 포함한 SNS를 운영하는 기업들은 어떻게 방문자를 방문하게 하고, 체류 시간을 늘리게 할까요? 각각 사용자들이 원하는, 좋아하는 콘텐츠를 많이 노출시켜서 목적을 달성합니다. 그리고 그런 역할을 알고리즘이 담당하는 것이고요.

SECTION 02

스레드 알고리즘 특징① : 휘발성

스레드 알고리즘의 가장 큰 특징은 '휘발성'이 강하다는 것입니다. 스레드에 작성한 게시글은 2~3일이 지나면 휘발됩니다. 팔로워가 0명이든 1만 명이든 상관없습니다. 휘발성은 모든 글에 동일하게 적용됩니다.

유튜브는 이슈가 될 만한 영상이 역주행하기도 합니다. 10년 전 영상이 알 수 없는 알고리즘에 의해 이슈가 되는 경우도 종종 있습니다. 인스타그램 릴스는 하나의 영상이 이슈가 되면 1주일 이상 혹은 한 달 넘게 꾸준히 조회수가 오르는 경우가 많습니다.

스레드가 글을 휘발시키는 이유

스레드 역시 좋은 글은 꾸준히 노출되지만 1~3일 동안의 기대 조회수가 90% 이상인 경우가 많습니다. 스레드는 왜 이런 알고리즘을 적용해 일정 시간이 지난 글의 노출을 줄이는 것일까요?

스레드는 광장이다

스레드는 구조적으로 글이 아카이브되는 공간이 아닌 흐르는 공간으로 설계돼 있습니다. 인스타그램과 비교해보겠습니다. 인스타그램은 나의 사진이나 영상을 보관하고 예쁘게 꾸밀 수 있습니다. 마치 하나의 격자무늬 갤러리 같죠. '인스타 피드를 꾸민다'라는 말도 있는데, 격자무늬 인스타그램 피드를 하나의 브랜딩 공간으로 활용하는 브랜드도 매우 많습니다.

스레드는 다릅니다. 물론 스레드도 썼던 글들을 프로필 피드에서 확인할 수 있지만 스크롤을 계속 내려도 한 사람이 쓴 글의 히스토리와 내용을 한눈에 파악하기가 매우 어렵습니다. 인스타그램처럼 이미지로 정리되어 있는 것도 아니고, 블로그처럼 제목만 나열돼 있는 게 아니니까요.

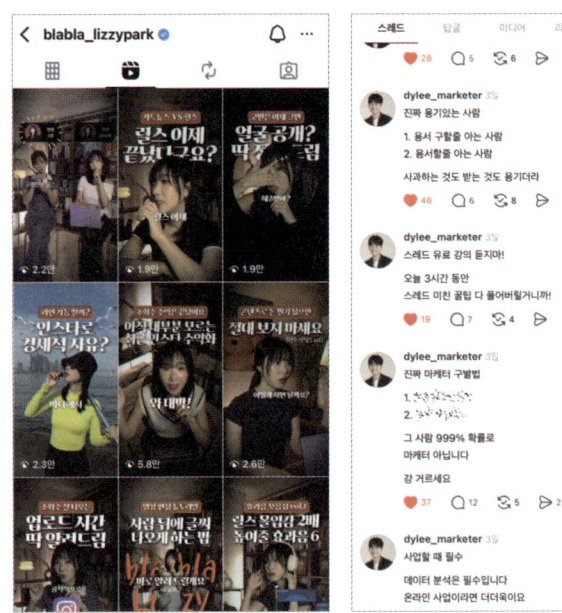

인스타그램 피드와 스레드 피드 비교

스레드는 지금 벌어지는 일을 구경하고, 들으러 가는 광장과 비슷합니다. 사진이 예쁘게 전시된 갤러리(인스타그램)나, 다양한 정보가 차곡차곡 정리된 도서관(블로그)이 아닙니다.

즉 스레드는 광장과 같은 공간처럼 이야기와 볼거리가 순식간에 나타났다 사라져버립니다. 스레드는 사용자들이 이런 경험을 하게 만들고 싶기 때문에 게시글을 금방 휘발시키는 것입니다.

스레드는 냉장고다

스레드가 또 하나 중요하게 생각하는 것은 신선도입니다. 스레드가 계속해서 신선한 글을 상위에 노출시켜야 사용자들도 신선함을 느낍니다.

광장에 공용 냉장고가 있다고 가정해보겠습니다. 여러분은 그 냉장고의 주인이고, 최대한 많은 사람이 사용하게 만드는 것이 목적이라면 냉장고에 신선한 음식과 오래된 음식 중 어떤 것을 채워 넣고 싶나요? 당연히 신선한 음식입니다. 사람들이 냉장고를 열었을 때 신선한 음식들로 가득해야 음식에도 눈이 가고, 손길이 갈 것입니다.

스레드 역시 마찬가지입니다. 그래서 스레드가 신선도가 떨어진 음식은 바로바로 버리고, 새롭고 신선한 음식을 열심히 채우는 것입니다.

스레드는 신선도 유지 알고리즘을 통해 사용자들이 신선한 음식을 만들게끔 동기 부여하는 시스템을 만든 것입니다. 스레드라는 플랫폼이 신선하게 유지될 수 있게요.

메타의 기획자와 개발자들이 실력이 없어 피드에서 게시글을 일목요연하게 볼 수 없게 하고, 스크롤을 한참 동안 내리게 세팅했을까요? 이는 '의도적으로 맞춰진 설계'입니다.

휘발성 사용하기

휘발성이라는 알고리즘을 이해한 사람은 두 갈래로 나뉩니다. '어차피 글을 써도 금방 휘발될 테니 다른 SNS를 알아봐야겠다'라고 생각하는 사람과 '어떻게 하면 그 알고리즘을 역으로 이용할 수 있을지' 생각하는 사람으로요. 여러분은 이 책과 함께 휘발성 알고리즘을 역으로 사용하는 사람이 되어봅시다.

휘발성은 사실 축복이다

사실 휘발성이 강하다는 것은 일종의 축복과도 같습니다. 실패에 대한 비용이나 부담감도 없애주기 때문입니다. 스레드에서는 내가 하고 싶은 말, 지금 하는 생각, 방금 했던 것, 되고 싶은 것, 물어보고 싶은 것 등등 무엇이든 적어도 됩니다.

왜냐고요? 곧 날아가니까요.

이런 SNS가 있었을까요? 유튜브 영상을 제작한다면 지금 하는 생각을 영상으로 아무렇게 만들 수 없을 겁니다. 물론 마케터가 유튜브 채널에서 축구나 커피 이야기를 해도 되겠지만, 분명한 건 마케팅과 관련이 있어야 효과가 좋을 겁니다.

스레드는 프로필에 '마케터'라는 이름을 달고 있어도, 당장 드는 생각을 이야기할 수 있습니다. 이렇게 해도 계정에 큰 문제가 생기지 않습니다. 저는 이 SECTION을 집필하기 30분 전에도 반려 동물 이야기를 작성하고 왔습니다.

내가 운영하는 스레드 계정의 주제와 연관 없는 이야기를 작성해도 휘발되어 날아가고, 브랜드 이미지에 타격을 주지 않는다는 것은 생각보다 엄청난 심리적 해방감을 줍니다.

제가 만난 수강생분들 중 이미 블로그나 유튜브, 인스타그램 등 SNS를 경험한 경우에는 콘텐츠 제작에 부담을 느끼는 경우가 많았습니다. 그도 그럴 것이 한 번 콘텐츠를 제작하는 데 최소 1시간 이상이 걸리기 때문에 타율을 높이는 데 시간을 많이 써야 하기 때문입니다. 하지만 스레드는 그런 부담감을 느낄 필요가 없습니다.

똥글이면 어때요? 곧 날아갈 텐데.

1일 10글? 1일 50글? 선택이 아닌 필수

그렇다면 똥글이든, 좋은 글이든, 일상글이든, 내 직무나 브랜에 맞는 글이든, 글을 얼마나 써야 할까요? 저는 자신 있게 '압도적인 빈도'로 승부하라고 말합니다.

'스레드는 광장'이라는 것을 다시 한번 떠올려보겠습니다. 광장에서 한 번 외치는 사람과 곳곳을 돌아다니며 10번, 50번 외치는 사람 중 누가 더 눈에 띨까요? 당연히 후자입니다. 여러 번 글을 올리는 사람의 글이 더 많이 노출될 수밖에 없습니다.

> Tip 이는 PART 04에서 설명할 수익화와도 큰 연관이 있습니다. 이 내용을 이해하고 있으면, 수익화를 설명할 때 권장하는 글의 개수를 안내해도 자연스럽게 이해가 될 겁니다.

압도적 빈도로 경험치를 쌓아가자

그렇다면 그냥 빈도만 높이면 될까요? 의미 없는 내용으로 양만 채우면 되는 것은 아닙니다. 휘발되는 글 속에서도 나의 '자산'을 쌓아가고자 하는 노력이 필요합니다. 계속해서 글을 쓰면서도 조회수를 꾸준히 모니터링하고, 댓글과 좋아요 반응을 관찰해야 합니다. 단순히 '조회수 높게 나왔네' 하고 방치하지 않아야 합니다. 그 글을 저장해두세요.

지금 이 순간부터는 잘 된 글은 왜 잘 됐는지 분석하는 시간을 10초라도 가져볼 것을 추천합니다. 잘 되는 글은 분명 이유가 있습니다.

전문 마케터처럼 데이터와 빈도를 체계적으로 분석하라는 뜻이 아닙니다.

'아, 이렇게 질문 형태로 글을 작성하니까 댓글이 많이 달리는구나.'

'퇴사라는 키워드에 공감을 많이 하네? 근데 퇴사 키워드가 맨 앞에 왔구나.'
'그냥 정보를 나열하기보다는 마지막 멘트에 AI 키워드를 넣는 게 좋구나.'

이처럼 본인만의 인사이트를 쌓아가는 것이 핵심입니다. 유의미하게 이어간 압도적인 빈도는 강력한 무기가 됩니다. 그러면 스레드라는 광장은 여러분의 무대가 될 것입니다.

SECTION 03

스레드 알고리즘 특징② : 재도전 가능

앞서 휘발성에 대해 다룰 때 조회수가 잘 나오는 글이어도 2~3일 뒤면 성과가 나오지 않는다는 것을 알 수 있었습니다. 그렇다면 이번에는 글을 올린 직후 몇 시간에서 며칠간 조회수가 잘 나오지 않을 때 스레드 알고리즘의 특징을 어떻게 활용해야 하는지 알아보겠습니다.

한 번 실패에 좌절하지 말자

이번에 알아볼 스레드 알고리즘의 특징은 '재도전 가능'입니다. 말 그대로 조회수가 잘 나오지 않았던 게시글을 다시 올려봐도 괜찮다는 뜻입니다.

　실패해도 괜찮으니 다시 도전하라는 막연한 위로가 아닙니다. 실패했던 게시글을 다시 올려도 되는 스레드의 시스템적인 특성을 파고드는 공략입니다.

'복붙'도 괜찮다

조금 개선해서 올릴 필요도 없습니다. 스레드는 복사-붙여넣기 해도 괜찮은 SNS입니다.

> **Tip** 이는 제가 스레드 알고리즘을 연구하다가 발견한 사실입니다. 초창기 제가 기획해 올린 스레드 글을 무단으로 도용해 복사-붙여넣기 해 반응을 얻는 사람들이 있었는데요. 도용에 대한 속상한 마음은 접어두고, '스레드는 복사-붙여넣기를 해도 괜찮은 곳인가?' 하는 생각이 들었습니다.
> 이후 정교하게 테스트해본 결과 '그렇다'는 답을 얻었습니다. 실제로 제가 처음 썼을 때 반응이 안 좋은 글을 그대로 복사-붙여넣기 해 다시 올렸을 때 90만 조회수를 기록한 사례도 있습니다.

재도전이 가능하다는 것은 유튜브나 블로그와는 매우 다른 구조입니다. 유튜브나 블로그는 남이 만든 콘텐츠를 다시 올리는 것이 당연히 불가하고, 내가 만든 콘텐츠도 다시 업로드해서는 안 되는 등 알고리즘이 재사용 콘텐츠를 제재하는 편입니다.

그러나 스레드는 재도전이 가능하게끔 알고리즘이 설정돼 있습니다. 그렇다면 이를 이용해야겠죠. 이제부터는 스레드에 처음 올린 글이 반응이 없을 수 있는 이유가 무엇인지, 나아가 어떤 콘텐츠를 골라 어떻게 재도전해야 하는지 알아보겠습니다.

처음 올린 글이 안 먹힌 이유

초반 무작위 노출에서의 불운

스레드를 포함한 대부분의 SNS 알고리즘은 콘텐츠 발행 초반부터 모든 사람에게 노출시키지 않습니다. 무작위로 선별한 사람들에게 콘텐츠를 노출한 뒤 초반에 콘텐츠를 본 사람이 좋아요, 댓글 등 긍정적인 반응을 보인다면 알고리즘은 '이 콘텐츠는 사람들이 좋아할 만한 콘텐츠구나'라고 판단해 더 많은 사람에게 노출을 시킵니다.

반대로 초반에 콘텐츠를 본 사람이 부정적인 반응을 보였다면 알고리즘은 노출을 줄입니다. 결국 초반에는 어느 정도 행운이 따라야 조회수가 높아질 기회가 생긴다고 할 수 있습니다.

> Tip 057페이지에서 콘텐츠 본질이 중요하다고 강조한 이유가 여기 있습니다. 콘텐츠의 본질이 좋다면, 즉 누가 봐도 좋은 반응을 보일 글이라면 알고리즘의 선택을 받아 높은 조회수를 기록하는 콘텐츠가 될 확률이 높아집니다.

떡상은 타이밍

다음은 타이밍입니다. 즉 언제 글을 올렸느냐가 중요하게 작용할 수 있다는 겁니다. 밤 10시에 올리는 야식 관련 게시글이 한창 일할 때인 오후에 올리는 글보다 더 많은 사람의 관심을 끌 수 있습니다.

오후 3시에 "지금 안자고 스레드 하는 사람?"이라고 글을 써봤자 즉각적인 반응을 얻기 어렵습니다. 못해도 8시간은 지나야 반응하는 사람이 생길 텐데, 그때면 스레드는 냉장고에 더욱 신선한 게시글을 넣어두겠죠?

> Tip 물론 스레드에서 조회수가 잘 나오는 시간이 따로 있는 것은 아닙니다. 다만, 타이밍에 맞게 글을 올리는 것이 중요하다는 것입니다.

이러한 이유로 내 글이 주목을 받지 못했을 가능성이 있습니다. 초반 무작위 노출에서 인정을 받지 못했다면, 그리고 내가 적절치 못한 타이밍에 글을 올렸다면 말이죠.

그런데 스레드는 휘발성으로 인해 초반에 인정을 받지 못하면 글이 날아가버릴 가능성이 높습니다. 운이 따르고 타이밍만 맞다면 성공할 수 있는 콘텐츠임에도 말이죠. 그렇기 때문에 재도전을 해야 하는 것입니다.

재도전 가능 알고리즘을 활용해 떡상하는 법

그렇다면 재도전 가능 알고리즘을 어떻게 활용하면 좋을까요? 좋은 콘텐츠는 처음에는 선택받지 못할 수 있지만, 초반 무작위 노출 반응을 기대하고, 타이밍도 맞춰 다시 올렸을 때 좋은 결과를 얻을 수 있다면 먼저 '좋은 콘텐츠'가 무엇인지를 알아야 합니다.

재도전 자산 식별하기

가장 먼저 할 일은 가능성 있는 콘텐츠를 식별하는 것입니다. 반응이 좋은 글을 참고하여 어떤 주제가 좋았는지, 스토리는 어떤지, 첫 문장은 어떻게 쓰였는지, 해당 주제를 어떤 시점에 썼는지 등을 기준으로 판단해 가능성 있는 글을 모아야 합니다.

> Tip 지금 단계는 '레퍼런스'를 모으는 단계입니다. 재사용이 가능하다고 해서 다른 사람의 글을 그대로 가져다 쓰는 행위는 표절이니 꼭 주의하길 바랍니다.

실패한 글 분석하기

내가 쓴 글 중 실패한 글들도 꼭 분석합니다. 학창 시절 '오답노트'가 중요했던 것을 기억하나요? 실패한 글을 분석하는 것은 스레드 잘하는 데 필수적입니다.

오답들을 모아 잘 된 글들과 비교해봅니다. 첫 문장이 너무 밋밋하지는 않았는지, 타이밍에 맞지 않게 글을 쓴 건 아닌지 등을 비교하며 무엇이 부족했는지를 분석합니다.

콘텐츠 재구성 및 재발행

그 다음은 분석을 통해 식별해서 고른 글을 재구성하는 겁니다. 어느 정도 재구성이 완료됐다면 바로 글을 올려보는 것을 추천합니다. 재구성하는 데 너무 많은 시간을 쓰지 않아도 됩니다.

작은 요소 하나씩만 바꿔서 발행해보길 바랍니다. 조회수가 또 안 나와도 괜찮습니다. 다시 조금 바꿔서 올리면 되니까요.

> Tip 좋은 글들과 비교해봤는데 큰 문제가 없다면 재가공 없이 복사-붙여넣기 해도 됩니다. 콘텐츠를 보는 눈을 키워 보완할 점이 보이는 글만 재구성해 올리면 됩니다.

분석하고 반복하기

재발행했다면 이제 분석할 차례입니다. 기존 조회수, 댓글, 좋아요와 비교해보며 얼마나 좋아졌는지를 꼭 분석해야 합니다.

마케터들에게 항상 강조되는 점은 광고를 집행한 후 성과만 확인하지 말고 분석까지 하라는 것입니다. 분석하지 않으면 성장할 수 없습니다. 특히나 우리는 재도전 가능 알고리즘을 꾸준히 활용할 것이므로 분석은 필수입니다.

많은 분석으로 인사이트가 쌓이면 재도전해야 하는 콘텐츠들을 빠르게 선별해 유의미한 재도전을 반복할 수 있을 것입니다.

SECTION 04

스레드 알고리즘 특징 ③ : 버티컬 알고리즘

스레드 알고리즘은 '주제'에 적용된다

스레드 알고리즘은 계정 단위가 아니라 각 게시글의 주제에 맞게 적용됩니다. 이는 최근 SNS 알고리즘의 트렌드이기도 합니다.

컨설팅을 할 때 생각보다 많은 수강생분들이 아래와 같은 질문을 남겼습니다.

"제 계정은 ○○○ 주제인데, 스하리 글을 올려도 괜찮나요? 신뢰가 떨어지지 않을까요? 진정성이 떨어지지 않을까요?"

다른 SNS 역시 각 콘텐츠의 주제에 맞는 알고리즘, 즉 버티컬 알고리즘이 세팅되고 있지만 경제 유튜브 채널에 먹방을 올린다면 반응은 싸늘할 겁니다.

> **Tip** 최근 많은 SNS가 계정의 주제가 아닌 각각 게시글의 주제에 맞게 알고리즘을 세팅하고 있습니다. 저는 채널이나 계정이 아닌 콘텐츠 하나하나별로 알고리즘이 적용되고 노출되는 것을 '버티컬 알고리즘'이라고 부릅니다.

인스타그램 역시 책스타그램을 운영하다가 고양이 영상을 올린다면 예전과 같은 반응을 얻기 어려울 수 있습니다.

Tip 물론 자신이 곧 브랜드가 되면 유튜브나 인스타그램 역시 주제와 소재에 자유도가 생기는 편입니다. 연예인이 유튜브 채널을 만들면 다양한 주제로 콘텐츠를 만들어도 조회수에 큰 영향이 없는 것이 그 예입니다.

하지만 스레드는 다릅니다. 주제가 확확 바뀌어도 조회수를 얻는 데 무리가 없고, 원하는 계정의 방향성에도 큰 영향을 끼치지 않습니다.

이는 기존 SNS와는 많이 다른 방식이고, 기존 SNS 강사들의 이야기와도 크게 다른 이론입니다. 블로그나 유튜브 등 다른 SNS 경험이 있다면 이런 스레드 알고리즘의 특징이 낯설어 '아예 다른 주제의 글을 써도 괜찮은지', '전문적인 계정처럼 보이려면 스하리는 하면 안 되는 게 아닌지'를 걱정할 수 있지만, 스레드에서는 조금 더 자유롭게 활동하면서 반경을 넓혀도 괜찮습니다.

버티컬 알고리즘을 활용한 사례

다음은 제가 스레드에 글을 올렸던 사례입니다. '제시카잡스'는 제가 수익화, 부업과 관련된 글을 올리는 세컨드 계정입니다.

기존에 올리던 게시글과 최대한 관련이 없는 주제를 선정하여, 제시카잡스 계정에 '야구' 키워드가 들어간 게시글을 올려봤습니다.

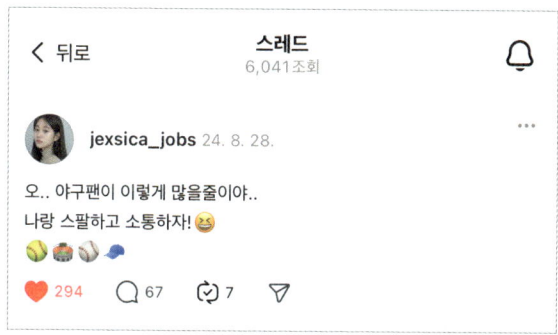

위 이미지에서 확인할 수 있듯, 댓글이 60개 이상 달리고, 좋아요는 300개 가까이 찍혔습니다.

즉, 수익화와 부업과 관련된 게시글을 올리는 계정이고 프로필도 그렇게 세팅이 되어 있다고 해도 다른 주제의 글을 올리는 데 문제가 없는 것입니다.

스레드가 주는 자유로움을 만끽하자

콘텐츠를 공들여 만들어야 하는 인스타그램이나 유튜브와는 다르게, 스레드는 짧은 글, 단 3줄의 글만 작성해도 하나의 콘텐츠가 되는 만큼 빠르게 소비되고, 빠르게 확산되며, 빠르게 소멸하기 때문에 버티컬 알고리즘이 특히 강하게 작용합니다.

크리에이터 입장에서 이런 알고리즘은 큰 축복입니다. 마케터라고 해서 항상 마케팅 이야기만 하고 싶은 것은 아닙니다. 게임이 취미이거나 여행이 취미라서 그런 이야기도 SNS에 담고 싶을 때가 있습니다. 저도 연예인급의 메가 인플루언서는 아니어서 인스타그램이나 유튜브에 자유로운 주제를 담지는 못하는데, 스레드 덕분에 해소할 창구가 생긴 느낌입니다. 여러분들도 그 느낌을 만끽하며 걱정 말고 다양한 주제의 글을 올려보길 바랍니다.

> **Tip** 버티컬 알고리즘 때문에 075페이지에서 제공한 스하리 메이커로 다양한 주제의 스하리 글을 작성해도 괜찮은 겁니다. 팔로워를 모으는 목적의 스하리 글을 올리는 것도 문제가 되지 않습니다. 각 글마다의 목적을 쟁취하고, 글이 소멸하면 그대로 두면 됩니다.

스하리 글과 함께 비율을 정해 내 계정의 가치를 높이는 글도 꾸준히 작성해주면 됩니다. 물론 스레드가 아직 익숙하지 않다면 하나의 주제로 글을 쓰며 적응하는 과정이 필요하고요.

CHAPTER 04

퍼널을 활용한 체계적 마케팅

스레드 마케팅

SECTION 01

스레드 마케팅에 필요한 퍼널

이번 CHAPTER에서는 마케팅 퍼널_{Marketing Funnel}을 활용해 스레드 마케팅을 보다 체계적으로 하는, 마케팅 효과를 극대화하는 방법을 알아보겠습니다.

마케팅 효과란 곧 '수익 창출'을 의미합니다. 글을 써서 댓글이나 좋아요 등 사람들의 관심을 얻을 수 있는 방법과 실제로 나에게 수익을 가져다주는, 마케팅 효과를 끌어올리는 방법은 다릅니다.

스레드로 전략적 마케팅 접근을 하려면 마케팅 퍼널을 알아야 합니다. 마케팅 용어로서 퍼널은 '잠재 고객을 유입시켜 단계별로 유인하고, 마케팅의 최종 목표를 달성시키는 모델'을 뜻합니다.

스레드 마케팅 퍼널 5단계

스레드 마케팅 퍼널은 5단계로 구성됩니다. 물론 전통적인 퍼널과 제가 스레드 마케팅에 맞춰 구성한 퍼널의 단계에는 차이가 있습니다. 스레드라는 SNS 특성에 맞춘 퍼널이므로, 이 책에서는 다음과 같은 5단계 퍼널을 중심으로 다루겠습니다.

1단계 : 인지

퍼널의 첫 번째 단계로, 소비자가 피드에서 스크롤을 내리다가 관심이 가는 게시글에서 멈추는 단계입니다. 넓은 광장에서 한 사람에게 눈길이 꽂히는 상황이라고 생각하면 됩니다.

2단계 : 고려

게시글의 본문과 이미지 또는 동영상을 통해 흥미와 신뢰를 느끼고, 더 많은 정보를 원하게 되는 단계입니다.

3단계 : 클릭

더 많은 정보에 대한 궁금증으로 소비자가 댓글 혹은 댓글에 삽입된 링크를 클릭하게 되는 단계입니다.

4단계 : 전환

링크 클릭 이후 앱 설치 또는 상품 구매, 가입 등의 행동을 하는 단계입니다.

5단계 : 재방문/재구매

긍정적인 경험을 통해 팬이 되거나, 다음 글에도 또다시 반응하는 고객이 되는 단계입니다.

그럼 이제 본격적으로 이 5단계의 퍼널을 어떤 방식으로 공략하면 되는지 단계별로 자세히 알아보도록 하겠습니다.

SECTION 02

스레드 마케팅 퍼널 1단계 : 인지

첫 줄의 중요성

우리가 퍼널 단계에 따라 마케팅하려는 공간은 SNS입니다. 그중 사용자가 가장 많이 머무는, 즉 우리가 가장 많은 물고기를 잡아야 하는 곳은 피드입니다.

피드를 보는 사람들은 뚜렷한 목적 없이 스크롤을 내립니다. 우리는 목적 없이 스크롤을 내리는 사람들에게 '인지'를 시켜야 합니다.

무의식적으로 스크롤을 내리는 사람들의 관심을 끄는 데 가장 중요한 것은 무엇일까요? 바로 '첫 줄'입니다. 스레드 게시글에서 가장 먼저 노출되는 문장이기 때문입니다.

이 첫 줄로 관심을 사로잡지 못하면 아무리 좋은 글을 구성해서 써도 사람들은 글의 존재를 인지하지 못한 채 스크롤을 내려 버립니다.

첫 줄 작성 필승 공식

만약 게시글 하나를 작성하는 데 10분을 쓴다면 5분 이상은 첫 줄을 어떻게 쓸지 고민하고, 기획하는 것이 좋습니다. 지금부터 첫 줄 작성 필수 공식을 살펴보겠습니다.

> **Tip** 첫 줄만 잘 쓰고 뒷 내용은 대충 써도 된다는 뜻은 결코 아닙니다. 첫 줄을 강조하다 보니 '어그로만 잘 끌면 성공한다'는 오해가 생길 수 있는데, 이어지는 본문 내용도 첫 줄과 자연스럽게 연결돼야 하고, 전체 게시글이 읽는 사람에게 긍정적인 경험을 제공해야 합니다. 그래야 스레드 사용자들과 알고리즘의 사랑을 받을 수 있겠죠?

① '결과'로 호기심 자극하기

첫 줄에서 결과를 제시하고, 그 결과까지 가는 방법을 궁금하게 만드는 전략입니다. 인간은 추상적인 이야기보다 구체적인 이야기에 관심을 가집니다. 특히 숫자로 표현된 결과는 더욱 강하게 호기심을 자극합니다.

📝 예시 문장

- 3,000만 원 ㄷㄷ...
- 1,400만 원 돌파...
- 한 달 총 조회수 210만 달성...

이 숫자가 실제라는 것을 인증하면 효과가 더욱 높습니다. 이럴 때는 숫자가 포함된 이미지를 첫 줄처럼 활용하는 것도 좋습니다. 다음 예시 이미지와 같이 활용하면 이미지가 눈에 먼저 들어오기 때문에 첫 줄의 역할을 대신할 수 있습니다.

② 강렬한 '키워드' 활용하기

인간의 뇌는 추상적인 내용에 즉각적으로 반응하지 않습니다. 구체적인 키워드를 제시할 때 빠르게 반응합니다. 우리는 사람들이 스크롤을 내리다가 게시글을 '선택'하게 만들어야 하므로 이런 점을 전략적으로 활용해야 합니다.

추상적 감정 전달이 필요할 때도 나의 감정이나 상황을 함축할 수 있는, 또는 극대화할 수 있는 강렬한 키워드를 써서 첫 문장을 구성하는 것이 좋습니다.

📝 **예시 문장**

👎 **추상적 문장** : 앱테크로 수익을 얻어서 기분이 좋다.

👍 **키워드 활용** : 앱테크 때문에 '당뇨' 올 것 같다.

👍 **키워드 활용** : 와.. '도파민' 터진다.

👎 **추상적 문장** : 출근길 우울했는데, 입금돼서 기분 좋다.

👍 **키워드 활용** : 출근길 '금융치료' 완료

이렇게 강력한 키워드를 활용하면 높은 조회수를 기대할 수 있습니다. '도파민'이라는 키워드로 후킹해 4.7만 조회수를 기록한 아래 예시처럼요.

③ '두괄식'으로 말하기

인지를 시켜야 하는 스레드 생태계에서 서론이 긴 글을 읽어줄 사람은 많지 않습니다. 결론부터 말하는 두괄식이 훨씬 효과적입니다.

시작부터 정확히 인지가 되지 않으면 끝까지 글을 읽을 가능성이 낮기 때문에 게시글에서 하고 싶은 말의 의도를 처음부터 명확하게 밝히는 것이 중요합니다.

Tip 이렇게 작성하면 구글 등 검색 엔진에 노출된 나의 스레드 글이 클릭될 가능성도 높아집니다.

 예시 문장

👎 미괄식 : 오늘 친구와 만났어. … 10년 된 친구인데 싸움이 나서 절교했어.

👍 두괄식 : 10년 된 친구랑 절교했다.

스레드를 할 때는 서론을 길게 깔지 말고, 결론부터 말하는 습관을 들이길 바랍니다. 아래 예시 이미지처럼요.

dylee_marketer 6일
스레드 유료 강의 듣지마!

오늘 3시간 동안
스레드 미친 꿀팁 다 풀어버릴거니까! 1/2

♥ 25   💬 10   🔁 6   ▷

  ✏️ 스레드 운영 NOTE

결과로 호기심을 자극하는 것과 두괄식의 차이

표면적으로 본다면 결과를 먼저 말하여 호기심을 자극하는 것과 두괄식은 비슷하게 보일 수 있습니다. 하지만 이 2가지 전략은 무엇을 궁금하게 만드는지에 차이가 있습니다.

우선 결과로 호기심을 자극하는 것은 '방법(How)'을 궁금하게 만드는 것입니다. 비현실적인 수익이나 조회수 등을 보여주고, 그런 결과가 '어떻게 나왔지?'라는 호기심을 자극하는 겁니다.

두괄식은 '왜(Why)', 즉 이유와 근거를 궁금하게 만드는 것입니다. 나의 주장을 던지고, 그 주장에 대한 이유와 근거를 궁금하게 만들거나, 에피소드의 의도를 이야기하고, '왜 그런 일이 생겼지?'를 궁금하게 만드는 것입니다.

즉, '결과→방법', '두괄식→이유'의 차이가 있으며 각각의 전략이 유발하는 호기심의 성격이 다릅니다.

SECTION 03

스레드 마케팅 퍼널 2단계 : 고려

다음은 클릭을 할지 말지 고민하게 만드는 '고려' 단계입니다. 인지가 관심을 끌기 위한 단계였다면 고려는 그 관심을 호기심으로 전환시키는 단계라고 할 수 있습니다.

기승전결

어릴 적 국어 시간에 배운 기승전결을 다시 떠올려보겠습니다. 기(起)는 이야기의 시작으로, 배경, 인물, 상황 등을 소개하는 단계입니다.

승(承)과 전(轉)은 사건이 전개되고 갈등이 심화되며 절정으로 치닫는 단계입니다. 결(結)은 이야기의 결말입니다. 마케팅 퍼널 중 고려는 이 중 '승'과 '전'에 해당됩니다.

> **Tip** 전통적인 방식에서의 '기'는 이야기 배경, 상황 등을 천천히 소개하는 것이 일반적이지만 SNS에서의 '기'는 앞선 인지 단계에서 설명한 것처럼 임팩트 있게 작성해야 합니다.

결과 말하지 않기

고려 단계에서 가장 중요한 것은 '승'과 '전'까지 이야기하고 '결'로 넘어가지 않는 것입니다. 즉 이야기의 결말은 링크를 클릭했을 때 확인할 수 있도록 유도해야 합니다.

> Tip 인간은 미완성된 이야기를 완성시키고 싶어 하는 심리적 경향도 가지고 있습니다. 이를 '자이가르닉 효과'라고 부릅니다. 가장 흥미로운 부분, 즉 절정이나 결말 직전에 말을 끊으면 이런 심리적 경향이 더욱 강하게 작용합니다.

📝 예시 문장

- 현대차 면접 떨어졌다. 현대차 면접 불합격 문자에 답장했더니…
- 남친이 빚 4천만 원 갚아줬는데, 헤어지려는 이유는…
- 가수들이 뽑은 우리나라 역사상 노래 가장 잘하는 가수. 3위는 ○○○, 2위는 ○○○, 1위는…
- 문신 있는 여자 별로야? 내 문신은…

위와 같은 예시 문장들처럼 이야기의 갈등을 고조시키거나 결말 바로 전에서 내용을 끊는 겁니다. 이런 방식으로 글을 써야 사람들이 다음 이야기(댓글 링크)가 궁금하게끔 만들 수 있습니다. 궁금하게 만들어야 클릭이 이루어집니다.

> Tip 글의 주제에 따라 1단계 인지와 2단계 고려를 함께 사용할 수도 있습니다. 스레드 특성상 짧은 글을 통해 함축적인 내용을 담는 것이 효율적일 수 있기 때문입니다.
> 위의 예시처럼 "현대차 면접 떨어졌다.(인지)", "현대차 면접 불합격 문자에 답장했더니…(고려)"처럼 함께 사용되는 경우가 있습니다.
> 무조건 1단계 인지와 2단계 고려를 나눠야 된다고 생각하지 말고 경우에 따라 효율적으로 문장을 구성하는 것이 좋습니다.

억지로 유도하지 않기

고려 단계에서 댓글 링크 클릭을 억지로 유도하는 문장을 작성하는 것은 좋지 않습니다. 구매자들에게 여기 물이 있다고 큰 소리치며 홍보하기보다는 갈증이 생길 만한 상황을 만들어 유도하는 것이 핵심입니다.

강제로 문 안으로 소비자의 손을 끌어 들어오게 하기보다는 문틈 사이를 살짝 보여주며 문 안쪽에 일어나는 일을 궁금하게 만들어야 합니다.

📝 **예시 문장**

스레드로 800만 원 벌었다. 글의 힘은 무궁무진하구나...

위 예시처럼, '스레드로 어떻게 800만 원을 벌었는데?'와 같은 궁금증을 자아내게 만들어야 합니다. 댓글에 링크를 클릭하면 방법을 자세히 알 수 있고 수익을 얻을 수 있다고 직접적으로 말하는 것이 아닙니다.

SECTION 04

스레드 마케팅 퍼널 3단계 : 클릭

소비자의 클릭을 유도하자

다음은 '클릭' 단계입니다. 클릭 유도는 매우 중요합니다. 대부분의 마케팅 전환은 링크 클릭을 통해 이루어지기 때문입니다. 이번 SECTION에서는 링크 클릭을 유도하는 전략에 대해 알아보겠습니다.

> Tip 마케팅 '전환'은 마케팅 목표에 필요한 행동을 소비자가 완료하는 것을 말합니다. 전환에 대한 자세한 설명은 다음 SECTION에서 하겠습니다.

 스레드 운영 NOTE

스레드는 하이퍼링크 활용이 자유롭다

마케팅 전환을 일으키려면 링크 클릭을 유도해야 하는데, 인스타그램이나 유튜브 쇼츠는 하이퍼링크 기능이 작동하지 않습니다. 그래서 다음 예시처럼 댓글을 달아달라고 요청하는 경우가 많습니다.

인스타그램 릴스에서 댓글을 달아달라고 요청하는 예시

이는 댓글을 달면 자동으로 DM을 전송하는 '매니챗' 기능을 활용하는 겁니다. 매니챗은 많은 인플루언서들이 활용하는 기능으로, DM을 통해 마케팅 전환에 필요한 링크를 전송하는 방식입니다. 그러나 이 과정은 '댓글 작성-DM 수신-링크 클릭'이라는 단계를 거쳐야 하므로 소비자 입장에서 번거로울 수 있습니다.

반면, 스레드는 하이퍼링크 기능을 보다 자유롭게 쓸 수 있습니다. 마케팅에서 중요한 것은 소비자가 귀찮아할 만한 과정을 하나라도 줄여서 전환을 최대한 많이 촉구하는 것입니다. 즉, 스레드를 활용하면 링크 클릭(전환 촉구)을 보다 편하게 할 수 있는 커다란 장점이 있는 것이죠.

링크는 댓글에 달기

스레드 컨설팅을 하다 보면 링크를 스레드 게시글 최상단에 배치해 눈에 띄게 만드는 것이 좋지 않냐고 질문하는 수강생분들이 많습니다.

그러나 스레드에서 게시글은 어디까지나 콘텐츠로서의 역할을 해야 합니다. 유용한 정보를 주거나, 즐거움을 주는 등 본문 자체로 읽을 만한 콘텐츠가 돼야 하는데, 링크가 들어가는 순간 성격이 모호해집니다.

스레드 게시글 본문은 퍼널 1단계인 인지와 2단계인 고려가 이루어지는 공간입니다. 3단계 클릭을 유도하는 링크는 댓글에 남겨야 합니다.

1~2단계부터 목적이 드러나게 하지 않는 것이 중요합니다. SNS를 사용하는 사람들은 누군가가 나에게 액션을 강요한다는 생각을 갖게 되면 쉽게 피로감을 느끼기 때문입니다. 소비자의 더 많은 전환(링크 클릭)을 유도하고 싶다면, '링크는 게시글 최상단이 아니라 댓글에 달기'를 꼭 기억하길 바랍니다.

댓글에 작성하면 좋은 클릭 유도 문구

댓글에 링크를 달 때 함께 작성하면 효과적인 문구가 있습니다. 마지막까지 링크 클릭을 고민하는 소비자들에게 최후의 설득을 하는 것입니다.

위와 같이 "출첵 10번이면 끝!"과 같은 문구를 작성해 귀찮지 않다는 점을 강조하여 소비자의 링크 클릭 부담을 낮출 수 있습니다.

> Tip 이런 방식은 PART 04에서 배울 앱테크 수익화 전략에서도 쓰입니다. 만약 출석 체크를 10번 할 경우 추가 수익을 얻을 수 있다면, 댓글에서도 출석 체크에 대한 인지를 심어줄 수 있습니다. 즉 이후 퍼널(링크를 클릭해 이동한 곳)에서의 이점을 미리 인지시켜 소비자의 클릭을 극대화하는 것입니다.

최고의 유도 문구는 유도하지 않는 것

만약 출석 체크 10회와 같은 추가 액션 없이도 클릭 후 소비자를 쉽게 전환시킬 수 있다면 유도 문구 없이 링크만 남기는 것이 가장 좋습니다.

또한 1단계 인지와 2단계 고려에서의 이야기가 충분히 매력적이라면 댓글에는 어떠한 미사여구를 덧붙일 필요가 없습니다. 오히려 링크 하나만 던져놓는 것이 더욱 강력할 수 있습니다. "당신이 궁금한 이야기의 정답은 여기에 있습니다. 클릭은 당신의 몫입니다."라는 메시지를 자연스럽게 전달하는 것이죠.

SECTION 05

스레드 마케팅 퍼널 4단계 : 전환

소비자의 행동이 완료되는 단계

다음 단계는 '전환'입니다. 전환은 마케팅 용어 중 하나로, 소비자가 특정한 행동을 완료한 것을 의미합니다. 단순히 클릭을 하거나 페이지로 유입되는 것을 전환이라고 말하기보다는 사업 목표, 매출 목표에 직접적으로 기여하는 행위를 전환이라고 합니다. 예를 들면 제품 구매, 회원 가입, 구독, 앱 다운로드 등과 같은 행위를 뜻합니다.

 클릭이 소비자들이 문을 열고 들어오게 만드는 단계라면, 전환은 문을 열고 들어온 소비자가 특정 행동을 완료하는 단계라고 생각하면 됩니다. 이는 중요한 구분입니다. 내가 올린 스레드 게시글 댓글 링크를 소비자가 클릭했다고 가정해보겠습니다. 링크로 연결된 사이트에 심어둔 상품을 소비자가 구매하지 않고 클릭만 했다면 '클릭 1, 전환 0'입니다. 즉 사이트 방문은 있었으나 매출 기여는 없는 것이죠.

따라서 마케팅을 할 때는 링크 클릭 수와 전환 수를 확실하게 구분하여 데이터를 분석할줄 알아야 합니다. 스레드를 통해 링크 클릭 유도까지 잘했는데, 전환이 되지 않는다면 내가 구축한 사이트를 점검해봐야겠죠.

 > ✍️ 스레드 운영 NOTE

전환 데이터가 중요하지 않은 경우

사이트 방문의 목적이 상품 구매, 즉 매출 향상이 아니라면 매출에 직접적인 영향이 없어도 목표를 달성했다고(전환됐다고) 볼 수 있습니다. 링크를 클릭해 사이트에 유입시키는 목적이 브랜드 인지도 상승일 수도 있으니까요. 물론 브랜드 인지도 상승도 결국은 매출 상승을 위한 것이지만, 이 경우 당장의 전환 데이터를 추적하는 것은 크게 의미가 없습니다.

또한 광고 노출만으로 수익이 나는 CPM(Cost Per Mille) 방식의 수익화를 세팅한 블로그나 사이트라면 방문 자체가 전환이 될 수도 있습니다. 소비자가 사이트에 방문만 해도 수익을 얻을 수 있다면 클릭이 곧 전환이 되기 때문에 이런 경우도 데이터 분석이 큰 의미가 없겠죠.

SECTION 06

스레드 마케팅 퍼널 5단계 : 재방문/재구매

충성 고객의 중요성

스레드 마케팅 퍼널의 마지막 단계는 '재방문/재구매'입니다. 나의 스레드 게시글에 이끌려 링크를 클릭하고 전환, 즉 수익 성과까지 났다면 해당 소비자는 나의 고객이 됩니다.

이 고객과의 인연은 이어져야 합니다. 한 번의 전환으로 인연이 끊기면 안 됩니다. 음식점 사례를 생각해봐도 재방문 고객 비율이 얼마인지는 사업의 지속 가능성을 좌우하는 핵심 지표 중 하나입니다.

이를 흔히 '충성 고객'을 확보한다고 부릅니다. 물론 스레드는 유입되는 사용자의 수가 많고, 알고리즘 자체가 버티컬하여 또 다른 사용자에게 나의 글이 노출돼 수익을 추가로 낼 수 있습니다. 그러나 충성 고객이 없으면 성과 지표가 제자리걸음을 할 가능성이 높습니다. 그렇다면 스레드에서 이런 충성 고객을 어떻게 만들 수 있을까요?

계산 없는 가치 제공하기

142페이지에서 '기-승-전'까지만 이야기하여 호기심을 자극해 클릭을 유도해야 한다고 배웠습니다. 그러나 스레드에 게시글을 올릴 때는 모든 글을 클릭 유도 중심으로 작성하지 말고, 일부는 '결'까지 포함된 콘텐츠를 제공해야 합니다.

스레드 계정을 100% 마케팅 용도로 운영하더라도, 전체 글의 10% 정도는 기승전결이 모두 포함된, 완결된 콘텐츠를 올리는 게 좋습니다.

소비자가 내 스레드 계정 안에서 콘텐츠 만족감을 느끼는 경험을 많이 하면 할수록 충성 고객이 될 가능성이 높아집니다. 기승전결이 모두 포함된, 링크 클릭 유도가 없는 글은 당장의 매출로 이어지지 않을 수 있지만, 장기적으로는 더 큰 가치를 가져다주는 전략이 됩니다.

약점 드러내기

인간은 완벽한 사람보다 약점이 있거나, 때로는 실수도 하는 사람에게 더 큰 매력과 동질감을 느낍니다. 성공한 스토리도 좋지만, 실패담이나 고민을 진솔하게 스레드에 담는 것도 추천합니다. 이런 진솔함은 소비자의 마음의 벽을 허물고, 진짜 팬으로 만들어주는 강력한 무기가 됩니다.

스레드는 결국 소통이 중요한 SNS입니다. 스레드라는 공간에서 소비자와 어떻게 소통하느냐가 충성 고객을 만들 수 있는지 없는지 여부를 결정합니다. 링크 클릭 유도와 동시에 스레드 채널에서 소비자와 적극적으로 소통하여 충성 고객을 최대한 많이 확보하기 바랍니다.

 > ✒️ **스레드 운영 NOTE**

6가지 마케팅 기법을 활용한 스레드 글 쓰기

스레드에 마케팅 목적의 글을 쓸 때는 제품 또는 서비스의 성격, 전환 목표 등에 따라 다른 방식의 글쓰기 접근이 필요할 수 있습니다. 이번 PART를 마무리하며 심리적 효과에 기반한 마케팅 기법을 활용해 스레드 글을 쓰는 방법 6가지를 정리해 안내하니, 스레드를 할 때 다양하게 활용해보길 바랍니다. 꼭 스레드 마케팅이 아니라 소통을 목적으로 한 글을 쓸 때도 유용한 방법들입니다.

① 정보 격차 이론 – 호기심 유발, 클릭 유도

사람은 정보의 일부만 알 때 그 빈틈을 메우고 싶은, 즉 정답을 알고 싶은 욕구를 느낍니다. 모든 것을 알려주기보다는 '그래서 어떻게 됐는데?'라는 질문을 머릿속에 맴돌게 하는 전략을 써보세요. 특히 본문에서 댓글까지 쭉 읽을 수 있는 전략으로 유도해보길 바랍니다.

📝 **예시 문장**: 이 방법으로 대박 났는데 뭐냐면…(본문에 작성) 이 프롬프트 쓰면 돼!(댓글에 작성)

② 사회적 증거 – 신뢰 형성, 필자 의견 대변

스레드처럼 정보가 넘쳐나는 곳일수록 사람들은 어떤 정보를 믿어야 할지 판단하기 어려워합니다. 이때 강력한 기준이 되는 것이 '다른 사람들의 선택'입니다. 사회적 증거를 활용하면 필자의 의견을 자연스럽게 뒷받침하고, 사람들이 믿고 행동하게 만드는 효과를 얻을 수 있습니다.

📝 **예시 문장**: 1,000명이 다운받은 전자책(다수의 증거), 애플 CEO 팀 쿡이 추천한 책(권위자의 증거), 마사지기를 사용해보니 엄청 시원해요!(실제 고객의 증거)

③ 손실 회피+FOMO – 긴박함 조성

사람은 1만 원을 얻는 기쁨보다 1만 원을 잃는 고통을 2배 이상 크게 느낍니다. '이걸 하면 얻는 것'을 말하기보다 '이걸 하지 않으면 잃는 것'을 강조하며 강력한 행동을 유도할 수도 있습니다. 여기에 나만 뒤처질지 모른다는 FOMO(Fear Of Missing Out) 심리를 자극하는 문장을 더한다면 효과가 극대화됩니다.

📝 **예시 문장** : 이거 안 쓰면 머리 5년은 더 빨리 빠집니다!, 대치동 엄마들은 이미 다 샀어요!

④ 프레이밍 효과 – 인식 전환

같은 사실도 어떤 프레임에 담느냐에 따라 사람들의 판단은 크게 달라질 수 있습니다. '완치율 90%'라는 긍정 프레임과 '사망률 10%'라는 부정 프레임은 전혀 다른 느낌을 줍니다. 스레드처럼 호흡이 빠른 SNS는 프레임을 설정하고, 반문형 문장을 활용하면 더욱 큰 관심을 이끌어낼 수 있습니다.

📝 **예시 문장** : 수술 성공률 90%인 거 알아?, 팔로워 많아도 수익화 안 되는 거 알아?

⑤ 심리적 반발 – 호기심 자극, 역설적 행동 유도

'절대 열지 마세요'라고 적힌 상자는 반드시 열리게 되어 있습니다. 인간의 청개구리 심리를 이용하면 효과적인 마케팅 효과를 볼 수 있습니다. 직접적으로 '이 글을 보세요!', '링크 클릭하세요!'라고 하기보다, '이 글을 보지 마세요'라고 하면 호기심을 자극하고, 행동을 유도할 수 있습니다.

📝 **예시 문장** : 직장인은 이 글 보지 마세요. 당장 퇴사하고 싶어집니다.

⑥ 인지 부조화 – 강한 의문, 관심 유발

'침대는 가구가 아니다'라는 카피가 성공한 이유는 '침대=가구'라는 보편적인 인식과 충돌했기 때문입니다. 기존의 믿음이나 보편적인 인식과 반대되거나 불편한 정보를 제시해보기 바랍니다. 인간은 불편함을 느끼게 되면 그 이유를 확인하고 싶어지는 강한 동기가 생깁니다.

📝 **예시 문장** : 게을러야 성공합니다, 착하면 망합니다!, 스레드 글? 대충 쓰세요.

PART 03

스레드로
수익화하기

CHAPTER 01

초보자가 접근하기 좋은 스레드 수익화 방법 2가지

SECTION 01

앱테크와 결합해 수익 내기

지금부터는 스레드를 활용한 수익화 방법을 알아보겠습니다. 스레드 수익화 방법은 여러 가지가 있습니다. 몇 가지는 초보자도 쉽게 따라 할 수 있는 방법이고, 몇 가지는 상품이나 서비스가 존재해야 가능한 방법입니다. 이번 CHAPTER에서는 우선 초보자에게 적합한 2가지 방법을 알아보겠습니다. 먼저 '앱테크와 결합'입니다.

> Tip 초보자라면 이 책에서 안내하는 내용 중 가장 쉬운 방식부터 시작하고, 이미 SNS를 전문적으로 다루고 있다면 이 책이 안내하는 내용을 어떻게 응용해 수익화를 극대화할 수 있을지 생각해보길 바랍니다.

스레드 수익화 첫걸음으로는 앱테크와 결합 방식을 추천합니다. 앞선 PART에서 설명한 스레드의 특징과 마케팅 기법만 사용하면 비교적 간단하게 수익을 낼 수 있습니다.

저 역시 스레드로 가장 큰 수익을 낸 것이 이 방식입니다. 남들이 스레드 수익화가 불가능하다고 말할 때 '어떻게 하면 스레드로 수익화를 할 수 있을까?'를 고민하여 찾아낸 방식을 여러분께 공개합니다.

앱테크 수익 구조

스레드와 앱테크를 결합해 수익 구조를 만들려면 우선 앱테크 수익 구조를 알아야 합니다. 보통은 '레퍼럴Referral 수익'이라고도 부르는데, '레퍼럴'은 '추천' 또는 '소개'를 의미합니다. 즉 우리가 특정 앱의 초대 코드로 다른 사람을 초대하고, 그 사람이 가입 또는 출석 체크 등 액션을 수행하면, 그에 대한 보상으로 포인트를 받는 구조입니다. 물론 이 포인트는 현금화할 수 있고요. 이 수익 구조를 응용하여 스레드에서 다른 앱으로 소비자를 유도하는 방식입니다.

앱테크 선정 기준 4가지

코로나19 이후 집에서 휴대폰으로 간단하게 돈을 벌고 싶어 하는 니즈가 높아져 수많은 앱테크 앱이 생겨났습니다. 물론 정당한 방식으로 수익을 지급하는 앱도 많지만, 그렇지 않은 앱도 많습니다.

정당한 방식이라고 해도 수익이 크지 않은 앱도 많습니다. 따라서 4가지 선정 기준을 정리하여 제시합니다. 잘 참고하여 앱테크 앱을 골라보길 바랍니다.

① 사용자에게 인지도 있는 앱

첫 번째는 사용자에게 인지도 있는 앱이어야 합니다. 우리는 스레드 내 불특정 다수에게 앱을 소개해야 합니다. 생소한 앱이라면 전환율이 떨어질 수밖에 없고, 신뢰가 가지 않아 내 브랜딩에도 영향을 줄 수 있습니다. SNS나 유행에 관심 있는 사람이라면 한 번쯤은 들어봤을 법한 앱을 선정합니다.

② 실제 혜택 제공

두 번째는 실제 현금으로 전환 및 인출이 가능한 앱이어야 합니다. 앱테크 앱 중에서는 실제 혜택을 제공하지 않는 앱이 많습니다. 포인트를 지급하지만, 그 포인트를 현금으로 전환 및 인출할 수 없고, 상품권이나 기프티콘 등으로 교환만 할 수 있는 형식의 앱이 많습니다.

나아가 '1포인트=1원'이 아닌 경우도 제외해야 합니다. 가령 현금 인출 시 '100만포인트=1만 원'인 앱이라면 제외합니다.

③ 전환 허들

세 번째는 전환까지의 절차가 간단해야 합니다. 가입은 간편 가입으로 진행할 수 있는지, 출석 체크는 간단하게 할 수 있는지 체크하는 것이 좋습니다. 만약 만보기를 채워야 하거나, 댓글이나 소감문 등을 작성해야 하는 미션이 있다면 기준에 적합하지 않다고 봐도 됩니다.

> **Tip** 사용자들은 단계가 까다로우면 쉽게 전환되지 않습니다. 마케팅 기법을 현란하게 사용하여 링크 클릭까지 유도해도 이후 설치, 가입, 미션 등 절차가 복잡하다면 사용자들은 이탈하고 맙니다.

④ 초기 비용

네 번째는 초기 비용이 없는 앱을 고르는 것으로, 가장 중요한 부분입니다. 앱테크 수요가 높아지자 초기 비용을 요구하는 앱이 생겼습니다. 만약 초기 비용을 투자하고, 이자를 받는 방식 등으로 소개한다면 99% 어뷰징 앱이라고 봐도 무방합니다.

최근에는 이런 앱이 많이 없어졌다고는 하지만, 다양한 방식으로 현혹시키고 있으니 어뷰징 앱을 스레드 사용자들에게 소개하는 일은 절대 없어야 합니다. 이는 내 스레드 계정의 신뢰나 브랜딩을 넘어 법적인 문제로도 이어질 수 있습니다.

> Tip 이런 어뷰징 앱은 구글 플레이 스토어에는 등록돼 있지만, 앱 스토어에는 등록돼 있지 않은 경우가 많습니다. 구글은 앱 승인 절차가 간단한 편이지만, 애플은 까다롭기 때문입니다. 앱테크 앱을 선정할 때 앱 스토어에 등록된 앱인지 확인해보는 것을 권장합니다.

앱테크 추천 앱 : 틱톡 라이트

앞서 설명한 4가지 기준에 가장 부합하는 앱테크 앱은 '틱톡 라이트TikTok Lite'입니다.

①SNS에 조금이라도 관심이 있는 사람이라면 들어봤을 앱이고 ②실제 혜택을 제공하며, 현금으로도 교환이 가능합니다. 또한 앱테크 앱 중 리워드 금액이 높은 편입니다. ③나아가 간편 가입이 가능하고, 가입만 해도 포인트를 지급하는 등 소비자 전환의 허들 역시 낮습니다. ④글로벌 기업의 앱인만큼 어뷰징 앱도 아닙니다.

> Tip 여러분도 첫 앱테크 앱은 틱톡 라이트로 진행하는 것을 추천합니다. 이후 여력이 생기면 다른 앱까지 활용 범위를 넓히는 것이 좋습니다.

앱테크로 수익 내기

앱 선정까지 마쳤다면 이제 본격적으로 수익을 낼 차례입니다. 지금부터는 스레드 게시글을 어떻게 작성해 레퍼럴 수익을 얻을 수 있는지 알아보겠습니다.

틱톡 라이트에는 아래와 같은 다양한 미션이 있습니다.

- **출석 체크** : 가장 적은 포인트를 제공하지만, 누군가를 초대하지 않아도 된다는 장점이 있습니다. 즉, 스레드에서 사용자를 유입시키지 않아도, 앱 자체에서 수익을 가져올 수 있는 것이죠.

- **별 모으기/캔디 모으기** : 모으기 미션은 기존에 틱톡 라이트에 가입돼 있던 사용자를 하루 한 번 접속만 시켜도 포인트를 줍니다. 기존 가입자들을 접속하게 유도만 해도 포인트를 얻을 수 있기 때문에 비교적 수월한 편입니다. 00시가 되면 초기화되니 밤 12시에 글을 올려 접속을 유도하는 것을 추천합니다. 단 해당 조건이 아닌 경우도 있으니 참고하기 바랍니다.

- **라운드 미션** : 신규 유저를 가입시켰을 때 혜택을 줍니다. 가입시킬 경우 몇 천 원에서 많게는 몇 만 원까지 받을 수 있습니다.

이 밖에도 다양한 미션이 있지만, '모으기' 미션과 '라운드 미션'을 추천합니다. 이 2가지 미션이 수월하면서도 혜택이 가장 크기 때문입니다.

> **Tip** 미션의 내용이나 종류, 방식은 시기에 따라 달라질 수 있으니 앱테크 앱의 유의 사항 및 참여 방법을 숙지하고 진행하길 바랍니다.

앱테크 수익화 게시글 작성 방법

그럼 앞선 PART 02에서 배운 스레드 마케팅 퍼널 전략을 활용해 앱테크 수익화 게시글을 작성해보겠습니다.

심리적 허들 낮추기

앱테크 수익화 게시글을 쓸 때도 '인지' 단계에서 최대한 많은 사람의 관심을 끌 만한 글을 작성해야 합니다. 즉 호기심을 유발해야 하죠. 그중 가장 효과가 좋았던 방식은 '쉬운 방식으로, 클릭 몇 번만으로도 돈을 벌었다'는 뉘앙스로 글을 쓰는 겁니다.

- 눈 뜨면 만 원 넘게 버니까 너무 좋아 ㅎㅎ
- 주말 아침에 눈 떠보니 N만 원 입금 ㅎㅎㅎ
- 아침마다 돈 들어오는 틱톡 부업…

위와 같이 '쉬운 방식으로 돈을 벌 수 있다'는 내용을 작성하여 '허들이 낮다'는 인식을 강하게 심어주는 겁니다. '이렇게 쉽게 돈을 번다고? 어떻게?'라는 인식을 인지 단계에서 심어줘야 합니다.

구체성 활용하기

다음 방법은 구체성을 활용하는 겁니다. 그중 가장 효율적인 방식은 구체적인 숫자를 사용하는 겁니다. '큰돈', '대박', '쉽다'는 키워드보다 '어제 하루 수익 34만 원'이라는 구체적인 숫자를 사용하는 것이 구체성을 높일 수 있습니다. 문구뿐만 아니라 실제로 입금된 내역을 첨부하면 강력한 후킹이 가능합니다. 아래의 예시 이미지처럼요.

> Tip SNS에서는 진짜임을 보여주는 증거가 중요합니다. 신뢰를 얻는 데 이미지 증거를 제시하는 것보다 효율적인 방식은 없을 겁니다.

여기서 주의할 점은 '어떻게' 벌었는지 명확하게 명시하지 않는 것입니다. 방법을 명시하지 않고 '궁금하게 만드는 것'이 포인트입니다.

초보자들이 많이 하는 실수 중 하나가 수익을 인증함과 동시에 '어떻게' 수익을 얻었는지, 그리고 무엇을 하면(링크 클릭 후 가입 또는 출석 체크) 수익을 얻을 수 있는지 한 번에 이야기해준다는 것입니다.

그렇게 하면 정보에 대한 격차와 궁금증이 사라지고, 사용자에게 앱 설치 및 가입을 권유하는 뉘앙스를 주기 때문에 심리적 반발 효과가 생기게 됩니다. SNS에서는 누군가가 나에게 명령을 내리거나 권유하는 느낌이 드는 순간 청개구리 심리가 발동한다는 것을 잊으면 안 됩니다.

> Tip 초반에는 수익을 인증할 수 있는 이미지가 필요합니다. 인증할 수 있는 이미지가 없을 경우 가족, 지인들을 통해 '라운드 미션'을 진행하고, 포인트를 모으는 것을 추천합니다.

링크 삽입하기

다음은 틱톡 링크를 삽입하는 겁니다. 이 역시 앞서 배운 내용처럼 퍼널을 나눠서 본문이 아닌 댓글에 배치해야 합니다. 광고라는 생각이 들지 않도록 하는 것이 최우선의 목표이고, 게시글은 콘텐츠로서의 역할을 할 수 있게 역할을 분리하기 위함입니다. 댓글에 링크를 본 사람이라면 이미 게시글에서 궁금증을 갖고 게시글을 조회하고 있는 사람이기 때문에 댓글에 있는 링크를 클릭할 가능성도 높아집니다.

필요 시 미션 안내 문구 넣기

간혹 미션 안내가 필요한 경우가 있습니다. 틱톡 라이트 역시 '라운드 미션'으로 신규 사용자를 초대했을 때 2만 원에서 5만 원의 리워드를 받지만, 그 사용자가 10일간 출석 체크를 완료할 경우 10만 원 이상의 추가 수익을 얻을 수 있습니다. 이런 경우에는 링크만 넣기보다는 "출첵 10번이면 끝!"이라는 문구를 함께 넣어두는 것도 좋은 방법입니다.

이 역시 앞서 배운 마케팅 기법을 활용한 스레드 글 쓰기 중 '프레임'을 어떻게 짜느냐를 생각하고 만드는 전략입니다. "출첵 10번을 해야 돈을 벌 수 있어요!"라고 말한다면 사용자들은 허들이 높다고 느낄 것입니다. 우리는 "출첵 10번만 하면 끝나요!"라고 말하며 허들이 낮다는 것을 알려주는 전략을 취해야 합니다.

지금까지 스레드를 앱테크와 결합해 수익을 내는 방법을 배워 봤습니다. 그럼 다음 SECTION으로 넘어가 스레드와 제휴 마케팅을 결합해 수익화하는 방법을 알아보겠습니다.

SECTION 02

제휴 마케팅과 결합해 수익 내기

제휴 마케팅 수익 방식

SNS에서 수익화를 경험해보지 못했다면 제휴 마케팅이라는 단어가 생소할 수 있습니다. 제휴 마케팅은 한 회사 또는 개인의 제품이나 서비스, 콘텐츠를 홍보하고 그에 따른 수수료를 지급 받는 방식입니다. 이때 서비스 홍보는 개인의 플랫폼인 블로그, 유튜브, 스레드 등 SNS에 하는 것이 일반적입니다.

제휴 마케팅 유형별 수익 방식은 CPA, CPS, CPC, CPV 등으로 매우 다양합니다. 어떤 구조로 수익이 발생하여, 어떤 특징이 있는지 다음 표의 내용을 확인해보세요.

플랫폼명	수익 방식	수익 구조 설명	주요 특징
뉴스픽 파트너스	CPA(Cost Per Action)	사용자가 기사 링크 클릭 → 기사를 완독하면 수익	뉴스 콘텐츠 기반, 기사형 수익화 플랫폼
쿠팡 파트너스	CPS(Cost Per Sale)	추천 링크를 통해 제품 구매 시 일정 % 수수료 수익	단기 쿠키(24시간), 쿠키 소멸 전 모든 구매에 적용

애드픽	CPC(Cost Per Click) +CPA	링크 클릭 시 수익, 앱 설치/구매 등 행동 시 추가 수익	다양한 종류의 캠페인 제공
텐핑	CPV(Cost Per View) +CPA	콘텐츠 조회 시 수익, 일부는 가입/ 구매 기반 수익	게시글 공유 기반

복잡하게 느껴질 수 있지만, 간단하게 설명하자면 우리가 스레드에 걸어둔 링크를 사용자가 클릭하거나 이후 구매 또는 가입과 같은 액션이 발생할 경우 수익을 얻게 되는 경우가 대부분입니다.

뉴스픽 파트너스로 수익 내기

스레드에서 진행하기에 가장 적합한 제휴 마케팅은 '뉴스픽 파트너스'입니다. 뉴스픽 파트너스가 스레드에 적합한 이유는 이어지는 내용 3가지입니다.

① 즉각적 반응

스레드는 최신성이 높은 글일수록 더욱 자주 노출됩니다. 최신성이 높은 최근 이슈나 뉴스 기사를 콘텐츠로 활용하면 좋은 시너지가 날 수 있습니다.

② 콘텐츠 종류

스레드에는 정보를 원하는 사람들이 많습니다. 뉴스 기사, 커뮤니티 글 등 다양한 종류의 콘텐츠를 스레드에 올릴 경우 높은 조회수를 기대할 수 있습니다.

③ 무한 연료

뉴스픽에 올라오는 콘텐츠는 무한에 가깝습니다. 시간만 허락된다면 스레드 계정을 여러 개 만들어 24시간 내내 뉴스픽 콘텐츠를 스레드에 발행하는 것도 가능할 겁니다.

그럼 이제 본격적으로 뉴스픽 파트너스에 가입하고 기본 세팅하는 방법과 스레드에 뉴스픽 콘텐츠 글을 어떻게 올려야 하는지 알아보겠습니다.

> Tip 물론 스레드를 잘 활용하면 뉴스픽 파트너스 외에도 적용 가능한 제휴 마케팅이 무궁무진합니다. 우선 뉴스픽 파트너스로 수익을 내는 방법을 익혀본 다음 쿠팡 파트너스 등으로 확장해보길 바랍니다.

뉴스픽 파트너스 가입 및 세팅

일반 뉴스픽과 뉴스픽 '파트너스'는 다릅니다. 우리는 제휴 마케팅을 진행해야 하기 때문에 뉴스픽 파트너스를 활용합니다.

회원가입하기

'뉴스픽 파트너스' 앱을 다운받아 실행하고, 회원가입을 진행합니다. [카카오톡으로 회원가입], [Apple로 회원가입], [이메일로 회원가입] 등 옵션으로 회원가입할 수 있습니다.

계좌 설정하기

회원가입 후 우측 상단 나의 이름을 선택하고 [마이페이지]를 누릅니다.

이후 하단으로 스크롤하면 [나의 계좌]를 입력할 수 있습니다. 양식에 맞게 내 명의의 계좌번호를 입력합니다. 가입 시 입력한 이름과 일치한 계좌번호를 입력해야 합니다.

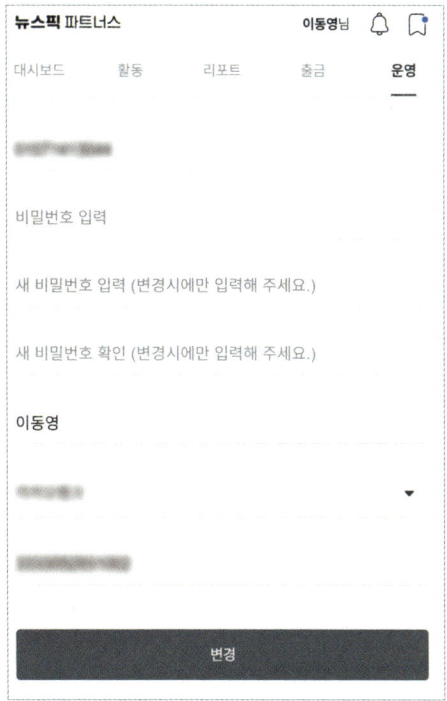

Tip 최초 출금 시 뉴스픽 파트너스 측으로 통장 사본과 신분증 사본을 전송해야 합니다. 출금 신청 전 미리 통장 사본과 신분증 사본을 준비하면 좋습니다.

링크 공유

홈🏠으로 돌아와 원하는 기사를 골라 링크 아이콘🔗을 눌러 링크를 복사해 스레드에 공유하면 됩니다.

기사는 [파트너스] 탭에서도 확인 가능하고, [카테고리] 탭에서 원하는 카테고리를 모아서 확인할 수도 있습니다.

선호 카테고리를 설정하려면 [파트너스] 탭을 누르고, 우측에 보이는 [필터]를 누릅니다.

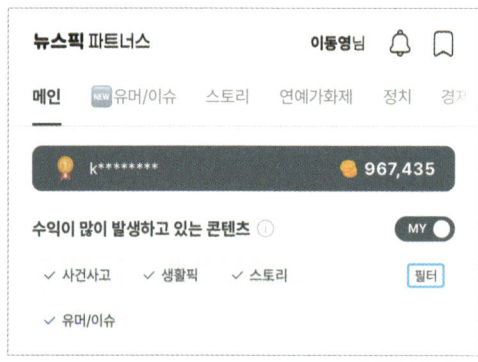

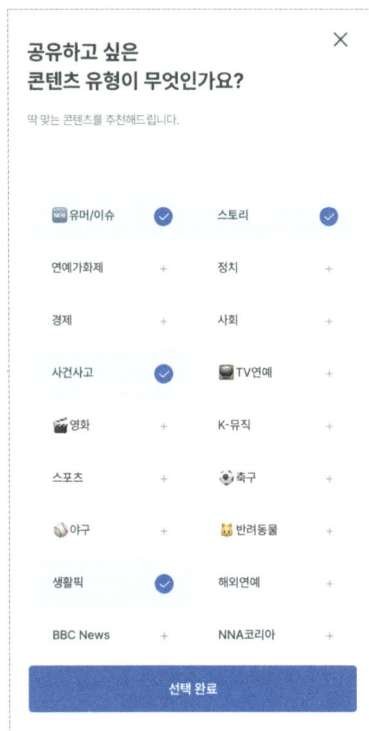

그다음 원하는 콘텐츠 유형을 선택하면 [파트너스] 탭에 내가 선택한 카테고리의 글 중 수익이 많이 발생하고 있는 콘텐츠를 자동으로 추천해주고, AI가 실시간으로 화제가 되고 있는 이슈도 보여줍니다.

저는 주로 [유머/이슈], [스토리], [사건사고], [생활픽]을 선택하여 추천 콘텐츠를 확인하는 편입니다.

Tip 뉴스픽 파트너스에서 복사한 기사 링크를 스레드 게시글 댓글에 붙여 넣고, 스레드 사용자들이 링크를 클릭하기만 하면 수익이 생기는 구조가 아닙니다. 유입된 사용자들이 기사를 모두 보는 조건을 충족해야 수익이 발생합니다.

스레드와 결합했을 때 좋은 뉴스픽 카테고리

위에서 저는 [유머/이슈], [스토리], [사건사고], [생활픽]을 선택한다고 설명했습니다. 그 이유는 이 4가지 카테고리가 스레드 사용자들로부터 가장 좋은 반응을 얻을 수 있는 카테고리이기 때문입니다.

① 썰(직장, 연애 등의 에피소드)의 일부를 작성하고 링크 클릭 유도

② 범죄 사건, 미스테리 등을 소개하고 링크 클릭 유도

③ 건강 관련 내용을 작성하고 링크 클릭 유도

④ 최근 이슈, 실시간 화제 글을 작성하고 링크 클릭 유도

위 4가지 카테고리가 스레드에서 가장 반응이 좋습니다. 물론 썰, 범죄 사건, 건강과 같은 키워드 또는 카테고리가 중요한 것이 아닙니다. 정말 중요한 것은 무엇일까요?

첫 번째부터 네 번째까지 모두 쓰여져 있는 '링크 클릭 유도'가 훨씬 중요합니다. 즉 앞서 강조했던 '궁금하게 만들기' 그리고 댓글에 링크를 달아 '퍼널 구성하기' 전략이 훨씬 중요합니다. 우리의 목적은 결국 링크 클릭을 유도해 수익을 올리기 위함이니까요.

Tip 원하는, 혹은 개인적으로 흥미를 느끼는 카테고리가 있을 경우 제가 추천한 카테고리가 아니어도 선정해보세요. PART 02에서 배운 마케팅 전략만 잘 접목시키면 어떤 카테고리를 선택하든 성과를 낼 수 있습니다.

실제 스레드 글 예시

그럼 1번부터 스레드 예시 글 몇 가지를 확인해보겠습니다.

① 썰(직장, 연애 등의 에피소드)의 일부를 작성하고 링크 클릭 유도

직장 상사에게 받는 고통, 연애 상담, 고부 갈등 등 사람들이 일상에서 자주 겪는, 그러므로 공감대가 폭넓게 형성돼 있는 다양한 에피소드 썰 콘텐츠는 언제나 반응이 좋습니다. 이어지는 이미지와 같은 예시처럼요.

> 지금 사귀는 남자친구랑 결혼해도 되는 걸까..
> 장점도 많지만 단점이 많아서...
> 생각 할 시간을 좀 갖는 중인데 봐줄 사람 있어...?
> 장점부터 쓸게..
> 1. 다정하고 이해심 있음
> 2. 훈남이야
> 3. SKY 학부 졸업
> 4. 연봉 8-9000
> 5. 경기도 남부에 청약됨
> 6. 부모님 노후 준비 완료
> 7. 부모님 너무 성실하시고 좋으신 분들...
> 8. 운동, 노래도 잘함
> 단점은...
> 1. 부모님한테...더 보기   1/2

Tip 이런 글을 직접 다 창작해서 쓰지 않아도 됩니다. 뉴스픽 파트너스에 있는 글을 골라 스레드에 맞게 재창작하면 됩니다. 즉 가독성 좋게, 두괄식으로 작성하면서 후킹되는 문장을 포함시키는 것이죠.

② 범죄 사건, 미스터리 등을 소개하고 링크 클릭 유도

스레드에는 다양한 정보나 지식, 흥미로운 글들이 골고루 인기가 많기 때문에 범죄 사건이나 역사적 사실, 야설(野說) 등의 콘텐츠도 반응을 얻기 좋습니다.

> 지금 난리난 라이브 방송 중 폭행당한 유튜버
> 놀랍게도 우리나라 맞음...
> 도심 한복판에서 저런 일이...
> 실시간으로 보고있던 시청자들이 경찰 신고했대
> 자세한 내용 댓글에서...충격주의..   1/2

③ 건강 관련 내용을 작성하고 링크 클릭 유도

건강은 사람이라면 누구나 관심을 가질 수밖에 없는 카테고리입니다. 장수의 비결이나 건강 관리 비법 등을 적어 댓글 링크 클릭을 유도해보세요. 특히 "이런 습관이 있으면 당뇨에 걸린다"와 같은 공포 심리를 자극하는 게시글이 효과적입니다.

> 당뇨 걸리게 하는 충격적인 최악의 습관...
> 난 당연히 짜고 맵고 달달한거 많이먹고..
> 그리고 술 많이 마시는 사람들 당뇨 많을거라 생각했는데.....
> 진짜 최악은 따로 있었구나... 와 조심해야지...... 1/3

④ 최근 이슈, 실시간 화제 글을 작성하고 링크 클릭 유도

스레드는 최신 글일수록 높은 조회수를 기록할 가능성이 높은 만큼 최근 이슈, 실시간 화제 글도 반응이 좋습니다.

> 반드시 걸러야 할 mbti 압도적 1위... 1/2
>
> 4.가장 자기중심적인 유형이라 이기심으로 인해 애인과 싸우는 일이 굉장히 잦고 남자를 자기 아래로 볼 경향도 가장 높은 유형

 > 스레드 운영 NOTE

스레드에 뉴스픽 파트너스 콘텐츠 업로드 시 주의 사항

정치 관련 게시글 업로드 금지

메타는 정치 관련 카테고리의 글에 엄격한 기준을 갖고 있습니다. 특히 특정 당을 지지하거나 비판하는 글을 올릴 경우 계정이 영구 정지될 수 있습니다. 뉴스픽 파트너스 수익화 글은 댓글에 링크를 달아야 하기 때문에 정지 가능성이 훨씬 높아집니다.

선정적 단어, 욕설 작성 금지

뉴스픽 파트너스를 하다 보면 커뮤니티 글을 사용하는 경우도 생기다 보니 콘텐츠 자체에 욕설이나 선정적인 단어가 섞여 있는 경우가 있습니다.

그런 단어가 후킹이 잘 될 거라 생각하고 그대로 사용하면 안 됩니다. 스레드는 욕설이나 선정적인 글을 필터링하기 때문에 애초에 노출을 잘 시켜주지 않아 조회수가 잘 나오지 않거나, 계정에 문제가 생길 수도 있습니다. 특정한 키워드를 꼭 사용해야 하는 경우라면 '××'로 가려 글을 작성하는 것이 좋습니다.

> **Tip** **이미지 안에 있는 글이나 단어는 괜찮을까?**
> 메타는 이미지 안에 포함된 글이나 단어도 모니터링할 수 있는 기술을 갖고 있습니다. 따라서 이미지 안에 포함된 부적절한 내용도 조심해야 합니다. 애초에 이런 이미지는 제외하는 게 좋고, 부득이 써야 한다면 부적절한 내용은 모자이크 처리하는 것이 좋습니다.

스레드에 앱테크와 제휴 마케팅을 결합한 수익화 메커니즘을 이해했다면 다음 스텝은 무엇일까요? 이제 나만의 사이트를 만들어 협찬 광고를 받거나 나의 상품이나 서비스를 판매해야 합니다.

그럼 다음 CHAPTER로 넘어가서 리틀리로 나만의 사이트를 만들고 협찬이나 판매로 수익을 올리는 방법을 알아보겠습니다.

CHAPTER 02

나만의 사이트 만들어 수익 내기

제품·서비스 판매, 협찬받기

SECTION 01

리틀리로 나만의 사이트 만들기

PART 02에서 우리는 스레드 마케팅 퍼널을 배웠습니다. 큼지막하게 구분해보자면 다음과 같습니다.

- 스레드 본문 = 인지-고려
- 스레드 댓글 = 클릭(링크)
- 앱테크, 제휴 마케팅, 나만의 사이트 또는 기타 수익화 공간 = 전환

여기서 앱테크와 제휴 마케팅은 '클릭(링크)'과 '전환'을 우리가 따로 설정하지 않아도 돼 생각보다 간단합니다.

Tip 링크는 앱테크 가입이 목적이라면 앱테크 초대 링크, 뉴스픽 파트너스 조회수 수익이 목적이라면 뉴스픽 파트너스의 링크라고 생각하면 됩니다.

하지만 광고 협찬을 받거나 내 서비스나 상품을 판매하려면 어디로 유입시켜야 하는지, 유입시킨 뒤 어떻게 안내해야 할지 막막할 겁니다. 따라서 이번 SECTION에서는 나만의 사이트를 만

드는 방법을 우선 알아보겠습니다.

> 🖊️ **스레드 운영 NOTE**
>
> **나만의 사이트가 필요한 이유**
>
> SNS 수익화는 '전환'까지 일어나야 합니다. '인지', '고려'까지만, 즉 조회수만 높게 나온다면 수익화 전략이 아닌 크리에이터가 되는 전략입니다.
>
> '전환'을 일으키려면 사이트 생성이 필수입니다. 스레드를 통해 잠재 고객을 모으고, 잠재 고객에게 나의 사업 아이템을 친절히 설명할 수 있는 사이트를 만든다면 매출에 큰 도움이 될 것입니다.

리틀리 세팅하기

나만의 사이트를 만드는 방법은 다양합니다. 우선 카페24, 아임웹, 워드프레스 등과 같은 사이트 제작 솔루션이 있습니다. 이런 솔루션의 장점은 개발 없이 제작할 수 있으면서도 확장성이나 자유도가 높다는 점입니다.

  하지만 이런 솔루션은 초보자들이 다루기에는 허들이 높은 편입니다. 나아가 스레드와 연동하기 위해서는 모바일 환경의 웹사이트 구축이 수월해야 하는데, 모바일 친화적 사이트를 만들기에도 어려움이 따릅니다.

  그래서 이 책에서는 여러 링크를 하나의 페이지에서 모아 볼 수 있게 만들어주는 서비스인 멀티 링크 서비스를 사용하는 방법을 안내하고자 합니다.

  인포크링크, 링크트리, 링크온 등 여러 가지 서비스가 있지만,

책에서는 리틀리로 멀티 링크 서비스 세팅하는 법을 배워보겠습니다. 다만, 전체적인 기능이나 세팅 방식은 유사하니 원하는 멀티 링크 서비스가 있다면 다른 멀티 링크 서비스로 나만의 사이트 제작을 진행해도 무방합니다.

리틀리 가입하기

01 네이버, 구글 앱 등에서 '리틀리'를 검색하고 접속합니다. 그러면 아래와 같은 화면이 뜹니다. 하단의 [리틀리 무료 가입]을 눌러주세요.

02 [이메일]과 [비밀번호]를 입력해 가입하거나, [kakao 계정으로 가입]을 진행합니다. [이메일]로 가입 시 휴대폰 번호 인증이 필요합니다.

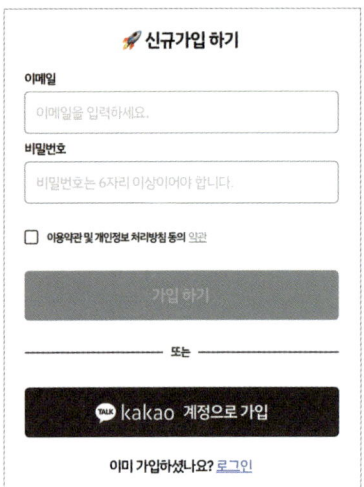

03 다음 단계로 원하는 페이지 주소를 입력합니다. 우리는 스레드 계정과 연동해야 하므로 입력 창에 스레드 ID를 적고 [시작하기]를 누릅니다.

Tip [시작하기]를 누르면 '브랜드 플랜' 사용을 권장하는 페이지가 뜰 수 있는데, 처음 사이트를 만드는 경우라면 굳이 가입하지 않아도 괜찮습니다. 만약 다양한 페이지를 추가할 예정이고, 보관할 데이터가 많다면 가입해서 사용해보는 것을 추천합니다.

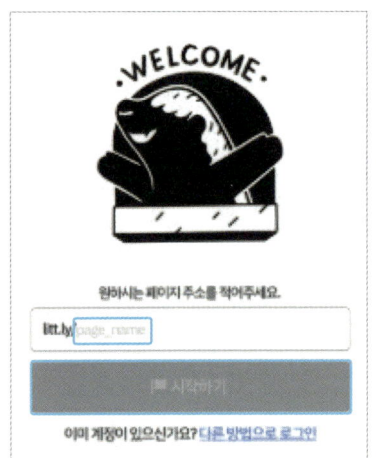

프로필 세팅하기

가입을 마쳤다면 이제 프로필을 세팅할 차례입니다.

01 먼저 레이아웃을 설정합니다. 프로필 사진만 갖고 있는 경우 두 번째 레이아웃으로 설정하는 것을 추천합니다. 브랜드를 대표하는 이미지가 있거나, 사용하고 싶은 배경 이미지가 있다면 배경이 있는 레이아웃을 고르는 것도 좋습니다.

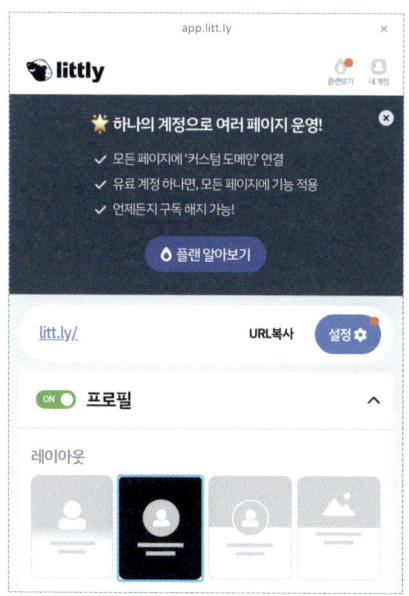

02 그다음은 [대표문구]입니다. 대표문구에는 스레드 닉네임을 작성하는 것이 가장 무난합니다. 만약 원하는 키워드가 있다면 '이동영|마케터'와 같이 옆에 키워드를 작성하는 것도 좋은 방법입니다. 그리고 [상세문구]를 작성합니다. 상세문구는 나를 나타내는 문구를 작성합니다. 스레드 프로필 문구를 사용해도 됩니다.

> **Tip** 상세문구 제일 마지막에는 메일 주소를 작성하는 것을 추천합니다. 물론 리틀리에서 [블럭 추가]-[연락처 블럭 추가]로 연락처를 넣을 수 있지만, 이 경우 CTA 버튼으로 생성돼 메일 주소 확인이 어렵다는 단점이 있습니다. 메일을 보내는 광고주는 메일 주소를 확보한 뒤 본인이 활용하는 메일 툴로 제안을 하는 경우가 많으니 상세문구에서 메일 주소가 깔끔하게 보이는 것이 훨씬 좋습니다.

이렇게 레이아웃, 이미지, 대표문구, 상세문구를 작성하면 기본 프로필 세팅은 끝입니다. PART 02에서 배웠던 브랜딩 관련 내용을 참고한다면 리틀리 프로필 세팅도 어렵지 않을 겁니다.

이어서는 리틀리 프로필을 보다 정교하게 세팅해보겠습니다.

SNS 블럭 추가하기

01 [블럭 추가] 아이콘 ⊕ 을 누릅니다.

02 [SNS 연결]을 선택한 후 [+SNS 연결추가]를 누릅니다.

03 [SNS 목록]이 뜨면 [SNS를 검색하세요] 영역에 '스레드'를 검색합니다. 목록에 [스레드]가 뜨면 선택합니다.

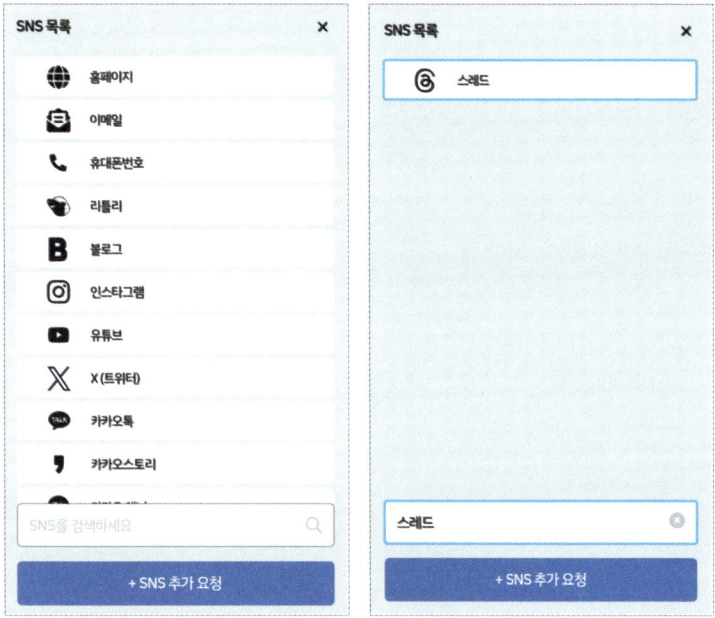

Tip 만약 다른 채널도 운영하고 있어 SNS를 추가하고 싶다면 [인스타그램], [유튜브], [블로그] 정도를 추가합니다.

04 스레드 채널의 URL을 넣어줘야 합니다. 스레드 앱에 접속해 내 프로필 화면에서 [프로필 공유]-[링크 복사]를 눌러 URL을 복사한 다음 아래 칸에 붙여넣기 하면 됩니다.

여기까지 설정했다면, 광고 협찬 문의를 받거나 내 상품이나 서비스를 판매하는 등 다양한 전환을 일으킬 수 있는 나만의 사이트 세팅은 끝입니다.

SECTION 02

내 서비스, 상품 등록하기

앞선 SECTION에서 우리는 리틀리를 활용해 아주 간단하게 모바일에 특화된 나만의 사이트를 구축했습니다. 이번 SECTION에서는 리틀리의 추가 항목 세팅과 내 상품이나 서비스를 등록해 판매하는 방법을 알아보겠습니다.

> Tip 등록할 서비스나 상품이 아직 없다면 194페이지로 넘어가 광고 제안서 세팅하는 방법을 먼저 살펴봐도 좋습니다.

리틀리 추가 항목 세팅하기

파일 공유

01 [블럭 추가] 아이콘 ⊙을 누르면 나오는 항목 중 [파일 공유]는 사용자들에게 공유하고 싶은 파일이 있을 경우 사용합니다. [대표문구]와 [이미지](섬네일), [상세설명]을 넣을 수 있습니다. 그리고 [+파일첨부]를 눌러, 공유하고 싶은 파일이나 이미지를 첨부하면 됩니다. 그런 다음 [옵션 보기]를 눌러줍니다.

02 그러면 [이메일], [휴대폰번호], [이름]을 수집할 수 있습니다.

스레드 수익화에서 CRM 마케팅은 필수

스레드 채널을 브랜딩해 수익을 내려면 마케터 관점에서 계정을 운영해야 합니다. 마케팅에서 CRM(Customer Relationship Management) 마케팅(고객 관계 관리를 기반으로 고객 데이터를 활용하여 맞춤형 마케팅 활동을 수행하는 전략)은 필수입니다. 이를 원활히 진행하기 위해서는 고객의 데이터를 꾸준히 수집해야 합니다. 보통 수집하는 고객의 데이터로는 연락처, 이메일, 카카오 플러스 친구 등록 등이 있습니다. 가령 스레드를 통해 '무료 자료를 제공한다'고 하며 우리가 만든 사이트로 유입시킬 텐데, 이때 그냥 자료를 전달하지 말고, 고객의 정보(연락처, 이메일 등)를 수집하며 제공해야 합니다. 이후 DB로 수집된 고객에게 다시 연락해 또 다른 혜택을 제공할 수 있기 때문입니다.

고객정보

파일이나 무료 자료 등과 같은 혜택 없이 고객 정보를 바로 수집하고 싶다면, [블럭 추가] 아이콘 ⊙을 누르고 [고객정보]를 설정합니다. [대표문구]와 [상세문구]를 적고, [옵션 보기]를 누르면 나오는 [수집 고객정보]에서 원하는 항목을 선택합니다.

위와 같이 설정하면 아래처럼 고객 DB(이메일)를 수집할 수 있습니다.

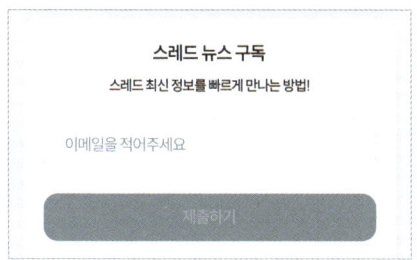

Tip 에어컨 설치 관련 사업을 하고 있다면 [대표문구]에 '에어컨 설치 신청하기'와 같은 문구를 넣을 수 있겠죠? 단, 고객의 정보를 수집했다면 뉴스레터 발송이든 설치 상담이든 고객이 기대한 서비스를 제공해야 합니다. 즉 단순히 고객의 DB를 모으는 것이 중요한 것이 아닌, 내 서비스에 만족하는 고객의 DB를 모으고, 2차 마케팅을 진행해야 합니다.

판매

[블럭 추가] 아이콘 ⊙을 누르면 나오는 판매는 [국내 판매], [해외 판매]로 분리돼 있는데 이 책에서는 [국내 판매] 등록으로 실습해보겠습니다.

Tip [해외 판매]도 등록하는 방식은 동일합니다.

01 해당하는 [판매 타입]을 선택합니다. 책에서는 [디지털 파일]을 선택해보겠습니다.

02 [대표문구]를 입력합니다. 보통 내 상품이나 서비스 이름을 입력합니다. 그리고 이미지를 필수로 넣어줘야 합니다. 미리캔버스와 같은 툴을 활용하여 간단한 섬네일을 만드는 것을 권장합니다.

03 [상세문구]는 흔히 말하는 '상세페이지'인데, 내 상품이 어떤 상품인지를 설명하는 항목입니다. [심플뷰]를 사용해 간단히 소개할 수도 있고, [디테일뷰]를 사용해 조금 더 풍부한 상세페이지를 제작할 수도 있습니다. 책에서는 [디테일뷰]를 선택해볼게요.

04 [상세문구]에서 [디테일뷰]를 선택하면 상세페이지를 제작할 수 있습니다. 내 제품이나 서비스의 특장점을 어필하는 상세페이지를 만들어봅니다.

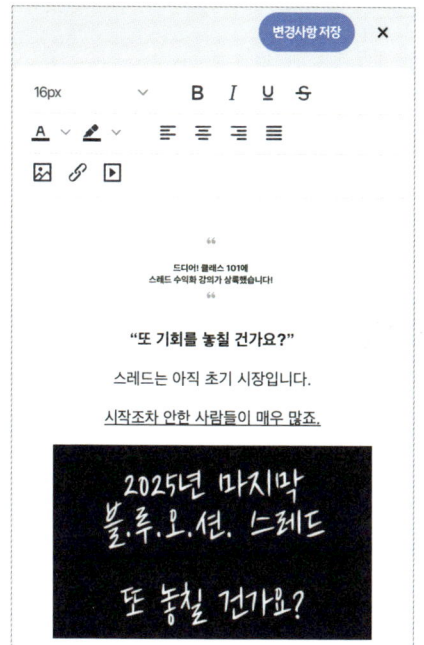

05 이어서 [+상품 등록]을 누릅니다.

06 [상품 등록] 화면이 뜨면 [상품명]을 입력하고 [판매가]도 책정해 입력합니다.

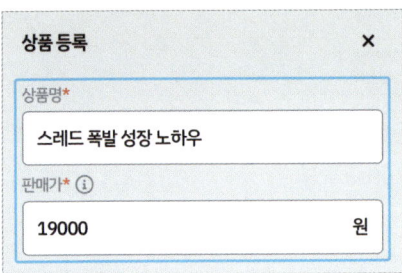

07 [파일 업로드]에는 소비자가 구매 시 전달할 파일을 업로드해 줍니다. 이후 [등록]을 누릅니다.

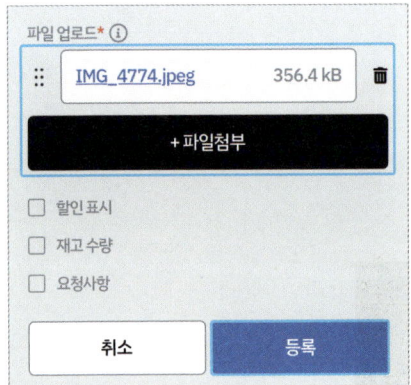

Tip 이렇게 설정하면 아래 이미지처럼 판매 화면이 만들어집니다.

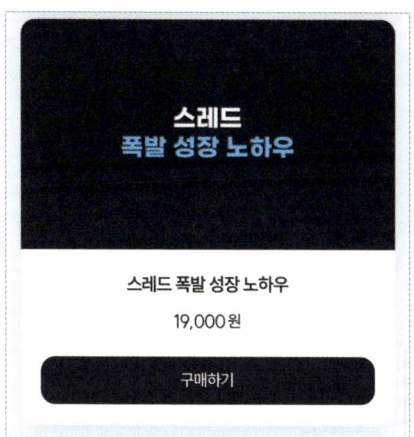

08 다음으로는 결제 정산금을 받을 계좌를 연결해줘야 합니다. [계좌 연결]에서 [+수익계좌 등록]을 눌러 정산받을 계좌를 입력합니다. 사업자 또는 개인을 선택할 수 있으며 [주민등록번호]도 입력합니다.

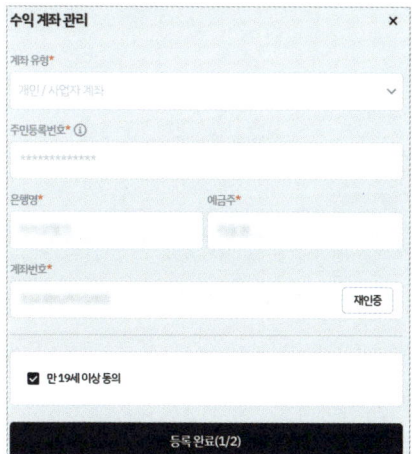

09 계좌 정보를 입력한 후에는 필수로 판매자 정보를 입력해야 하는데, 양식에 맞게 입력하면 완료됩니다.

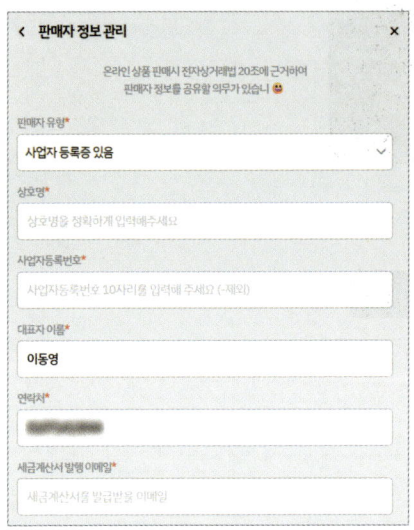

이렇게 리틀리에 내 서비스와 상품을 등록해봤습니다. 간단하죠? 이제 누구든 내 서비스나 상품을 등록해 판매할 수 있는 시대가 된 겁니다. 개발 없이도 결제 시스템을 구축할 수 있는 시대인 것이죠.

이 외에도 후원을 받거나 스마트스토어를 운영하고 있다면 상품을 바로 연동시킬 수도 있습니다. 쿠팡 파트너스나 오늘의집의 상품을 진열하여 제휴 마케팅도 진행할 수 있습니다. 그리고 광고 배너를 띄울 수 있는 기능도 생긴 등 다른 멀티 프로필 솔루션에도 다양한 기능들이 있으니 내게 맞는 기능을 사용하여 나의 사이트를 풍부하게 꾸며보세요.

내 서비스나 상품이 없다면!?

그런데 내 서비스나 상품이 없다면 어떤 정보를 넣는 것이 좋을까요? 수익을 위해서는 광고 협찬 제안을 받는 것이 가장 현명합니다.

다음 SECTION으로 넘어가서는 광고 제안서를 세팅해 협찬받을 가능성을 높이는 방법을 알아보겠습니다.

> Tip 내 사이트에 서비스나 상품을 등록했다면 스레드에 링크를 노출시켜야겠죠? 이 방법은 SECTION 04(203페이지)에서 안내하겠습니다. SECTION 03으로 넘어가 광고 제안서까지 내 사이트에 세팅해본 다음 스레드에 노출하는 방법을 알아볼게요.

SECTION 03

협찬 유도를 위한 광고 제안서 만들기

협찬을 받기 위한 광고 제안서는 어떻게 만들어서 사용하면 될까요? 막막해 할 여러분을 위해 우선 광고 제안서 샘플을 선물로 제공하겠습니다.

PC에서 광고 제안서 샘플 URL을 입력하면 광고 제안서 화면이 나타날 텐데요. 이제부터 나만의 광고 제안서를 만드는 법을 알아보겠습니다.

나만의 광고 제안서 만들기

제안서 사본 만들기

01 샘플을 마음껏 커스텀하려면 우선 사본을 만들어야 합니다. [파일]-[사본 만들기]-[프레젠테이션 전체]를 클릭합니다.

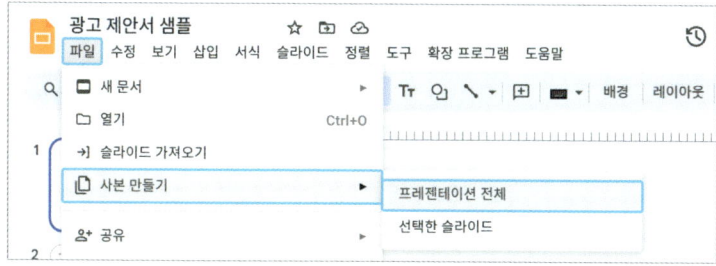

02 [문서 복사] 창이 뜨면 원하는 [이름]을 적고 [사본 만들기]를 클릭합니다.

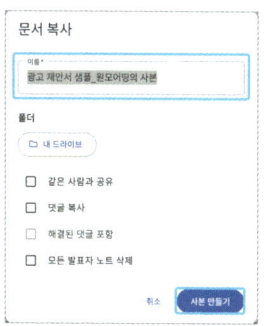

이 제안서 샘플에는 광고주에게 광고를 제안할 때 필수적인 내용으로 구성돼 있습니다. 지금부터 생성한 사본의 항목을 하나하나 채워보겠습니다.

> Tip 이 책의 085페이지에서 브랜딩을 배울 때 정한 색상을 활용해 슬라이드 컬러를 변경해도 좋습니다. 그 외에도 추가 또는 변경하고 싶은 내용이 있다면 제안서를 자유롭게 커스텀해 보세요.

1페이지 : 이름과 연락처

첫 번째 페이지에는 내가 누구인지, 어떻게 연락을 취하면 되는지 명확하게 알려주는 것이 중요합니다. [담당자]와 [연락처], [이메일]을 입력합니다. 좌측 상단에는 본인의 스레드 계정 닉네임도 적어줍니다.

```
닉네임을 적어주세요




              협찬 광고 제안서

        담당자 ○○○    Phone 010-0000-0000    E-mail onemorething9196@gmail.com
```

> Tip 스레드에도 메일 주소를 남기는 등의 방법이 있으나, 광고 제안서에 나에게 연락할 수 있는 연락처를 남기는 게 중요합니다. 광고주가 인하우스 마케터인 경우도 있지만, 대행사인 경우도 있습니다. 즉 내가 직접 연결한 사람 또는 내 사이트나 스레드 계정을 본 사람 외의 사람도 해당 제안서를 볼 가능성이 높다는 뜻입니다.

2페이지 : 프로세스

다음 페이지는 프로세스입니다. 광고를 진행할 경우 어떤 프로세스로 진행되는지 명확하게 알려줘야 합니다. 샘플을 참고하여 원하는 방향으로 프로세스를 커스텀합니다.

> **Tip** 광고를 진행하다 보면 콘텐츠 수정에 리소스를 많이 쓰게 될 수 있습니다. 프로세스 안내 페이지에서 '초안 전달–검토 후 수정 요청(1회)'와 같이 수정 가능 횟수를 명확하게 기입하는 것도 좋습니다. 그렇지 않으면 무한 수정 요청을 받을 수 있기 때문입니다.

3페이지 : 채널, 계정 소개

다음은 내 계정을 소개하는 페이지입니다. 내가 보유하고 있는 계정은 무엇인지, 규모는 어떤지, 다루는 주제는 무엇인지 등을 적습니다. 주요 타깃 연령대나 성별을 추가해도 좋습니다.

> **Tip** 채널이나 계정의 규모가 작아도 광고 협찬을 받는 가장 좋은 방법은 계정의 주제나 타깃을 명확하게 하는 것입니다. 광고주들은 자신의 상품이나 서비스의 니즈가 높은 사람들이 모인 곳이라면 팔로워 수가 적어도 핏이 맞는다고 생각해 광고 협찬을 제안합니다.

내가 운영하는 계정의 링크도 삽입합니다. 광고 제안서 하나만으로도 광고주들이 모든 것을 바로바로 확인할 수 있게 편의성을 제공하는 겁니다.

링크 삽입은 입력한 텍스트를 드래그하고 마우스 오른쪽 버튼을 클릭하면 나오는 메뉴에서 [링크]를 클릭한 다음 URL을 넣으면 됩니다.

>  스레드 운영 NOTE
>
> **나만의 크루를 만들어보자**
>
> 계정을 소개할 때 여러 계정을 소개하는 것도 좋은 방법입니다. 좀 더 체계적이라는 느낌과 계정의 주 연령대나 성별에 맞게 광고주가 원하는 계정을 선택할 수 있는 옵션을 줄 수 있기 때문입니다.
>
> 나와 뜻이 맞는 동료를 찾는다면 서로서로 제안해주는 시너지 효과도 기대할 수 있으니 스레드를 운영할 때는 나만의 크루를 만들어보는 것도 추천합니다.

4페이지 : 단가표

다음 페이지는 단가표입니다. 어쩌면 앞선 1~3페이지의 내용들보다 더 중요한 내용일 수 있습니다. 단가는 내가 정하기 나름이고(물론 업계 평균이 있겠지만 명확하지 않습니다), 광고주 입장에서는 이 단가에 따라 광고를 진행할지 말지 판가름할 근거가 되기 때문입니다.

스레드의 팔로워 수, 주 콘텐츠는 무엇인지, 그리고 포스팅당 단가가 어떻게 되는지를 책정해 작성합니다. 만약 유튜브나 인스타그램이 있다면 각 채널의 포스팅당 단가는 어떻게 되는지 분리하여 작성합니다.

> **Tip** 스레드에 글을 작성하는 것과 유튜브 영상이나 인스타그램 릴스를 만드는 리소스 차이가 크기 때문에 단가를 달리해야 합니다.

채널 단가표

[Youtube] (단위: 원, VAT 별도)

채널명	구독자 수	주콘텐츠	브랜디드 광고	쇼츠
뮤리언	ㅇㅇ	#앱테크	3,000,000	1,000,000
제시카잡스	ㅇㅇ	#마케팅	3,000,000	1,000,000
재택알바남	ㅇㅇ	#자기계발	3,000,000	1,000,000

[Threads]

채널명	팔로워 수	주콘텐츠	포스팅당	10회 포스팅당
뮤리언	ㅇㅇ	#앱테크	70,000	500,000
제시카잡스	ㅇㅇ	#마케팅	70,000	500,000
재택알바남	ㅇㅇ	#자기계발	70,000	500,000

 > ✍ 스레드 운영 NOTE

광고 단가, 어떻게 정해질까?

이미 광고 협찬이 활발한 유튜브나 인스타그램 단가를 말할 때, 구독자나 팔로워 수를 말하는 사람이 많습니다. 하지만 요즘 광고주들은 단순히 구독자나 팔로워 수만을 확인하지 않습니다. 평균 조회수나 바이럴 지표(게시글당 달리는 좋아요, 댓글 수 등)를 면밀히 살핍니다.

이는 구독자나 팔로워 수가 많아도 콘텐츠가 조회되지 않는다면 광고 효과를 볼 수 없다는 것을 대부분의 광고주들이 잘 알고 있기 때문입니다. 따라서 인터넷에 떠도는 구독자 규모별 단가표, 팔로워 수별 단가표는 의미가 없습니다.

그러므로 팔로워 수가 아무리 많다고 해서 단가를 높이면 안 됩니다. 만약 조회수나 바이럴 지표가 저조하다면 업계 평균보다 단가를 낮춰야 합니다. 반대로 다른 계정 대비 조회수나 바이럴 지표가 높은 편이라면 평균보다 높은 단가를 작성해도 광고 협의가 성공할 가능성이 높습니다.

광고 단가의 기준을 잡는 방법은 나와 규모가 비슷한 계정들에 연락하여 단가를 물어보거나, 광고주에게 선제안을 받는 방식 등이 있으니 참고하길 바랍니다.

5페이지 : 프로모션

마지막 페이지는 프로모션 안내입니다. 이 페이지의 목적은 기존 단가에서 협의가 가능하다는 어필을 하는 것이 가장 큽니다.

[프로모션]

2개 채널 이상 진행시 10% 할인
유튜브, 스레드 동시 진행시 채널당 10% 할인

프로모션은 크게 3가지로 나눌 수 있습니다.

- **기존 단가에서 N% 할인** : 기존 단가표에서 높은 금액을 제시하고, 다음 장표에서 그 금액에서 협의가 된다고 어필할 경우 진행 여부를 조금 더 고민하게 만들 수 있습니다. 이런 경우 "광고 형태에 따라 언제든 조율 가능하니 편하게 연락 부탁드립니다." 등의 문구를 작성하여, 진행 의지를 어필하는 것도 좋은 방법입니다.

- **다른 채널 동시 진행 시 N% 할인** : 광고주는 다양한 채널 노출을 원합니다. 광고주 입장에서도 다른 채널의 크리에이터를 찾을 필요가 없고, 프로모션 혜택까지 받을 수 있습니다. 우리 입장에서는 스레드에 쓴 글을 변형하여 유튜브나 인스타그램 콘텐츠로 제작할 수 있으니 크게 어려울 게 없고요.

- **다른 크리에이터와 동시 진행 시 N% 할인** : 만약 크루가 있거나 마음에 맞는 크리에이터가 있다면, 동시 진행할 경우 할인이 가능하다는 것을 어필하는 것

도 좋은 방법입니다. 하나의 광고로 두 개의 계약을 성사하는 것이니 단가로만 따졌을 때 한 번에 더 큰 이득을 볼 수 있는 방법입니다.

지금까지 광고 제안서를 만드는 방법을 알아봤습니다. 광고 제안서를 만들었다면 리틀리에 세팅하고, 스레드에도 노출시켜야겠죠? 그 방법은 다음 SECTION으로 넘어가 알아보겠습니다.

SECTION 04

광고 제안서 리틀리와 스레드에 세팅하기

리틀리에 세팅하기

01 광고 제안서를 리틀리에 세팅하려면 우선 광고 제안서를 PDF로 다운로드해야 합니다. 광고 제안서의 [파일] 탭을 클릭한 뒤 [다운로드]-[PDF 문서(.pdf)]를 클릭합니다.

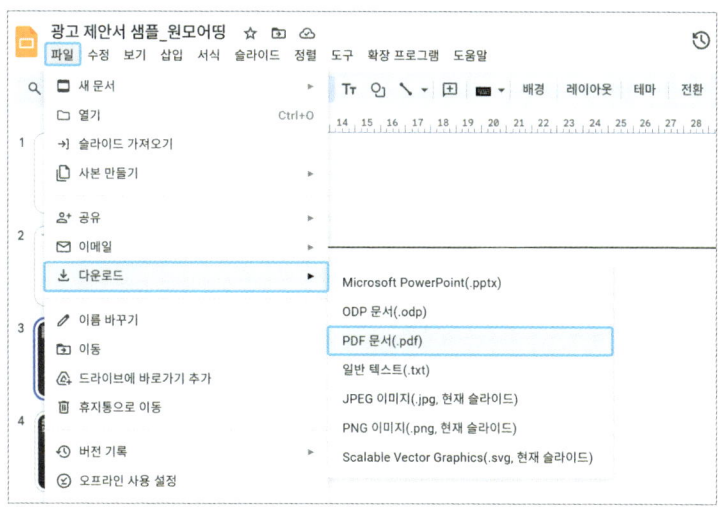

02 리틀리에 접속해 [+블럭 추가]를 누릅니다.

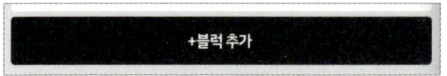

03 여러 목록들 중 [파일공유]를 선택합니다.

04 [파일 공유] 설정 화면이 뜹니다. [대표문구]에 "광고 제안서"라고 작성하고, [파일 업로드]에 다운로드한 광고 제안서 PDF 파일을 첨부합니다.

05 [옵션 보기]를 누르면 [수집 고객정보]가 나옵니다. 이후 광고주에게 추가 제안할 수 있으므로 광고주의 정보를 수집하는 게 좋습니다. 수집하고 싶은 [이메일], [휴대폰번호] 항목에 체크합니다.

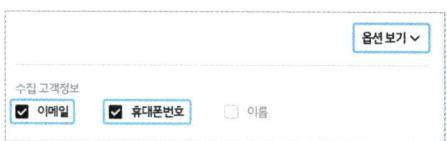

이렇게 세팅하면 다음과 같이 광고 제안서를 다운로드할 수 있는 화면이 세팅됩니다. 나에게 협찬 광고를 의뢰하고자 검토를 희망하는 광고주들은 [다운로드]를 눌러 내 광고 제안서를 확인하고 나에게 연락을 취할 것입니다.

스레드에 세팅하기

이제 스레드에 광고 제안서 등이 세팅된 나만의 사이트에 들어올 수 있는 경로를 세팅해보겠습니다.

01 우선 내 리틀리 페이지 링크를 복사합니다. 리틀리 화면 하단에서 [페이지] 탭을 누릅니다.

02 그런 다음 상단에 있는 [URL복사]를 누릅니다.

03 스레드 앱을 실행하고 우측 하단 프로필 이미지를 눌러 나의 프로필로 이동한 다음 [프로필 편집]을 누릅니다.

04 [프로필 편집] 화면이 뜨면 [링크]를 누릅니다.

05 앞서 리틀리에서 복사한 페이지 링크를 붙여 넣고 제목을 작성합니다. 제목은 '협찬 문의', '광고 제안' 같은 직관적인 문구가 좋습니다. 작성이 완료됐다면 [완료]를 누릅니다.

> **Tip** 만약 SECTION 02에서 등록한 내 상품이나 서비스 판매가 더 중요한 목적이라면 '협찬&협업 문의' 대신 '상품 살펴보기' 같은 문구를 써야 되겠죠?

06 그다음 스레드 소개란에 광고 협업 문의가 가능하다는 것을 어필해줘야 합니다. 다시 [프로필 편집]을 누릅니다. 그리고 [소개] 부분을 눌러 내용을 변경합니다. 예시 이미지처럼 화살표를 사용하여 협찬을 하려면 아래 링크를 클릭하면 된다는 느낌으로 작성합니다. [완료]를 눌러 마무리합니다.

이상의 단계에 따라 설정하면 내 스레드 프로필에 다음과 같이 리틀리 사이트 링크가 세팅됩니다.

CHAPTER 03

스레드 수익화를 위해 알아야 할 것들

SECTION 01

스레드에 수익화 글을 얼마큼 올려야 할까?

목표 정하기

앞서 우리는 스레드를 활용한 다양한 수익화 방법을 배웠습니다. 그렇다면 스레드에 수익화 글을 얼마나 올려야 할까요? 이번 SECTION에서는 마케팅적 관점에서 목표 매출을 달성하기 위해서는 스레드 수익화 글을 얼마큼 올려야 하는지 알아보겠습니다.

'글을 얼마큼 올려야 하는가?'를 정하기 위해서는 우선 목표를 정해야 합니다. 마케팅에서의 목표는 매출로 직결됩니다. 즉 목표로 하는 매출을 정해야 합니다. 그렇다면 그 매출은 어떻게 정해질까요?

- 매출=전체 조회수×전환율(클릭 또는 구매)×전환당 가치(객단가)

매출은 위와 같이 정해집니다. 키워드를 하나씩 살펴보겠습니다.

- **전체 조회수** : 스레드를 통한 전체 조회수. 만약 일상글이나 소통 목적의 글을 섞어서 작성했다면, 수익화 목적 글들의 조회수

  > Tip 스레드에는 수익 목적의 글만 작성하는 것이 아닌 일상글이나 소통 목적의 글을 섞어서 작성할 수밖에 없습니다. 정확한 분석을 위해 수익화 글을 분리해서 조회수를 분석하는 것을 추천합니다.

- **전환율** : 조회수 대비 클릭 수 또는 클릭 수 대비 구매/가입 수

  > 예시 전환율=(클릭 수/조회수)×100 또는 (구매 혹은 가입 수/클릭 수)×100

- **전환당 가치(객단가)** : 전환 1건당 발생하는 수익

  > 예시 뉴스픽 1조회당 5원, 틱톡 라이트 가입당 10,000원, 상품 구매당 10만 원 등

그럼 우리가 할 일은 이 공식을 역산해 목표를 정하는 것입니다. '뉴스픽 파트너스', '앱테크', '나의 상품 또는 서비스 판매'의 목표 매출부터 목표 조회수까지 거꾸로 거슬러 가보겠습니다.

뉴스픽 파트너스 목표 정하기

① 목표 잡기

뉴스픽 파트너스는 상위 10%에 랭크된다고 가정했을 때, 약 월 30만 원의 수익을 얻을 수 있습니다(뉴스픽 파트너스 대시보드 기반으로 평균 계산).

그러나 처음 시작했을 때는 5만 원을 목표로 잡고 진행하는 것이 좋습니다. 그럼 수익 목표 5만 원을 기반으로 조건을 정리해 보겠습니다.

② 전환율 계산하기

한 달 5만 원의 수익을 얻기 위해서는 뉴스 기사가 10,000회 완독되어야 합니다. 링크를 클릭만 하고, 기사를 완독하지 않는 사람의 비율 30% 정도가 유실된다고 가정했을 때 아래와 같은 계산식이 만들어집니다.

- 10,000회 완독 ÷ 0.7(유실 30%를 제외) = 약 14,286회 클릭
  - 필요한 총 완독 수
  - 클릭 대비 완독률(CVR)
  - 필요한 총 클릭 수

즉 나의 뉴스 기사 링크 클릭이 14,286회 일어나야 합니다.

③ 조회수 계산하기

14,286회의 클릭을 만들어내기 위한 스레드의 총 조회수를 계산해보겠습니다. 조회수 대비 클릭률(CTR)은 약 5%라고 가정하고 계산하겠습니다.

- 14,286회 클릭 ÷ 0.05 = 285,720회 조회
  - 필요한 총 클릭 수
  - 조회수 대비 클릭률(CTR)
  - 필요한 총 조회수

즉 뉴스픽 파트너스를 통해 월 5만 원의 수익을 얻기 위해서 한 달 동안 기록해야 할 스레드 조회수는 약 28만이 필요하다는 결론이 나옵니다.

- **월간 목표 조회수** : 약 28만
- **일일 목표 조회수** : 약 9,500

게시글 한 개당 1,000 조회수를 달성한다고 가정하면, 하루 약 10개의 뉴스픽 파트너스 게시글을 올리면 된다는 계산이 나옵니다.

앱테크 목표 정하기

① 목표 잡기

앱테크 목표는 160페이지에서 살펴본 틱톡 라이트를 기준으로 잡아보겠습니다. 틱톡 라이트로 한 달간 약 10만 원의 수익을 얻는다고 가정하고 계산해볼게요.

한 명을 데려올 때 약 1만 원의 수익을 얻을 수 있다고 가정한다면 우리는 스레드에서 10명의 신규 가입자를 데려와야 합니다.

② 전환율 계산하기

10명의 가입자를 데려오기 위한 클릭 수를 계산해보겠습니다. 뉴스픽 파트너스와 다르게 앱테크는 단순히 기사를 조회하는 것보다 앱 설치와 가입 등의 허들이 높으니, 전환율은 1%로 가정하겠습니다.

- 10명 가입 ÷ 0.01 = 1,000회 클릭
  - 필요한 총 가입자 수
  - 클릭 대비 가입 전환율(CVR)
  - 필요한 총 클릭 수

즉 10명을 가입시키려면 스레드에서 1,000회의 링크 클릭이 일어나야 합니다.

③ 조회수 계산하기

1,000회의 클릭을 만들어내기 위한 스레드의 총 조회수를 계산하겠습니다. 마찬가지로 뉴스 또는 콘텐츠를 보기 위한 목적보다는 허들이 높으니, 클릭률(CTR)은 뉴스픽보다 보수적이게 2%로 가정하고 계산하겠습니다.

- 1,000회 클릭÷0.02=50,000회 조회
  - 필요한 총 클릭 수   필요한 총 조회수

즉 앱테크를 통해 한 달 10만 원의 수익을 얻기 위해선 한 달 동안 기록해야 할 스레드 조회수는 약 5만이 필요합니다.

- **월간 목표 조회수** : 5만
- **일일 목표 조회수** : 약 1,700

게시글 한 개당 약 1,000조회수를 달성한다고 가정하면, 하루 2개 정도의 틱톡 라이트 관련 게시글을 올리면 된다는 계산이 나옵니다.

> ✏️ 스레드 운영 NOTE
>
> **딱 정해드리는 제휴 마케팅·앱테크 글 업로드 개수**
>
> 계산이 복잡한가요? 만약 스레드 수익화가 처음인 초보자라면 뉴스픽 파트너스 글 하루 5개, 틱톡 라이트 관련 글 하루 2개 정도를 올린다 생각하고 목표를 잡으면 됩니다.

> 쿠팡 파트너스 또는 다른 제휴 마케팅을 진행한다면 비슷한 개념으로 목표를 잡아 전환율을 계산하고, 조회수를 계산한 다음 하루에 글을 몇 개 작성해야 할지를 계산하면 됩니다.
>
> 다만, 계정을 생성한 지 얼마 되지 않았다면 228페이지에 정리된 내용처럼 처음부터 제휴 마케팅과 앱테크 글을 올리지 말고 차근차근 접근하기 바랍니다.

마지막으로 나의 상품이나 서비스가 있는 사람들은 어떻게 계산해야 하는지 확인해보겠습니다. 앞선 계산 방식들과 동일해 어렵지 않으니 잘 계산해보겠습니다.

나의 상품 또는 서비스 판매 목표 정하기

① 목표 잡기

사업을 하는 경우 매출보다 순이익을 최종 목표로 잡는 경우가 많습니다. 목표 순이익을 월 50만 원이라고 가정하고, 마진율이 25%라고 가정해보겠습니다.

- 500,000원 ÷ 0.25 = 2,000,000원
  - 목표 순이익 / 마진율 / 필요한 총 매출

즉, 목표 매출은 200만 원이 되는 겁니다. 만약 나의 상품의 객단가가 10만 원이라고 가정하면, 20건의 전환을 일으켜야 목표 순이익을 달성할 수 있습니다.

② 전환율 계산하기

그럼 이제 20건의 전환을 일으키기 위해 필요한 클릭 수, 즉 나의 페이지에 유입시켜야 하는 횟수를 계산해보겠습니다. 틱톡 라이트 등 앱테크보다는 조금 더 신뢰도가 높다고 가정하고 1%가 아닌 2%로 전환율을 가정하고 계산해보겠습니다.

- 20건 ÷ 0.02 = 1,000회 클릭
  - 20건: 목표 판매 수
  - 0.02: 구매 전환율(CVR)
  - 1,000회 클릭: 필요한 총 클릭 수

20건의 판매를 일으키기 위해서는 1,000회 클릭, 즉 1,000명을 사이트에 유입시켜야 합니다.

③ 조회수 계산하기

마지막으로 스레드 조회수를 계산해보겠습니다. 조회수는 틱톡 라이트만큼의 자극이 없거나, 연습되지 않은 상태라 가정하고, 동일하게 2%로 클릭률(CTR)을 가정하고 계산하겠습니다.

- 1,000회 클릭 ÷ 0.02 = 50,000회 조회
  - 1,000회 클릭: 필요 클릭 수
  - 0.02: 조회수 대비 클릭률(CTR)
  - 50,000회 조회: 필요한 총 조회수

즉 월 순수익 50만 원을 달성하기 위해서 한 달 동안 기록해야 할 스레드 조회수는 약 5만입니다.

- **월간 목표 조회수**: 5만
- **일일 목표 조회수**: 약 1,700

게시글 한 개당 약 1,000조회수를 달성한다고 가정하면, 하루 2개 정도 나의 서비스나 상품 판매 관련 게시글을 올리면 된다는 계산이 나옵니다.

나만의 게시글 개수 계산해보기

앞에서 설명한 계산식을 보고 조금 머리 아파졌어도 괜찮습니다. 일일 게시글 수를 계산할 수 있는 계산기를 활용하면 간편하게 내 상황에 맞는 계산을 할 수 있으니까요.

'목표별 스레드 게시글 개수 계산기'에 접속하면 나오는 영역들을 살펴보겠습니다.

- **노란 영역(변경 가능 영역)** : 목표 이익, 마진율, 객단가, 전환율, 클릭률, 게시글 당 평균 조회수
- **흰색 영역(수식이 걸린 영역)** : 필요 매출, 판매 수, 클릭 수, 목표 조회수, 목표 게시글 수

흰색 영역은 목표로 잡아야 할 영역들입니다. 매출이나 클릭과 조회수, 게시글 수 등이 있습니다. 현재 나의 상황에 맞게 계산기를 작성해보고, 내가 원하는 매출을 달성하려면 얼마큼의 조회수가 나와야 하는지, 얼마큼의 게시글 수를 작성해야 하는지를 계산해보기 바랍니다.

여기서 중요한 건 현재의 상황을 계산해보는 것에서 그치면 안 된다는 점입니다. 단순 계산을 한 후 게시글만 많이 올리는 것이 능사가 아닙니다. 이미 눈치챈 분들도 있겠지만 노란 영역은 여태까지 제 경험을 토대로 가정한 수치입니다. 즉 더 낮을 수도 있고, 높을 수도 있습니다.

여러분은 앞으로 스레드 수익화를 할 때 노란 영역 중 어떤 부분을 어떻게 개선할 수 있는지를 파악하고, 하나씩 지표를 개선시켜 나가야 합니다.

SECTION 02

수익 극대화를 위해 점검할 요소들
- 전환율, 클릭률, 조회수

전환율 점검

이번 SECTION에서는 수익 극대화를 위해 점검할 요소들을 살펴보겠습니다. 먼저 전환율입니다. 링크 클릭은 많은데 앱 설치 또는 구매와 같은 '전환'이 일어나지 않는다면 게시글의 문제가 아닌 사용자가 링크를 클릭한 이후 도착하는 공간에 문제가 있는 것입니다.

스레드 게시글과의 핏이 맞는가

가장 중요한 점검 포인트는 스레드 글에 작성한 내용과 클릭 이후 사이트에서 확인되는 내용의 핏이 일치하는지 점검해야 합니다.

뉴스픽의 경우 스레드 게시글에 "여자들이 가장 선호하는 MBTI"라는 주제로 글을 쓰고 링크 클릭을 유도했는데, 게시글의 제목이 "서울시 맛집 TOP10" 등으로 된 관계없는 게시글이 나온다면 바로 이탈해버릴 것입니다.

틱톡 라이트 역시 마찬가지입니다. 링크를 클릭했을 때 바로 가입하라는 버튼이 나온다면 이탈해버릴 가능성이 높습니다. 그래서 틱톡 라이트는 링크를 클릭하면, 한 번 더 포인트를 받을 수 있다는 문구로 사용자들의 전환 가능성을 높이는 게 좋습니다.

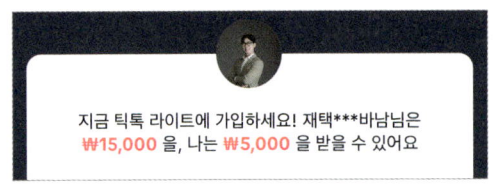

만약 자체 상품을 판매하는 경우라면 랜딩 페이지(리틀리 등)에 전환이 필요한 상품이 눈에 잘 띄는지를 점검해볼 필요가 있습니다. 그리고 페이지 내 상세페이지 등을 통해 2차 설득을 잘 하고 있는지 역시 점검하여 전환율을 높여야 합니다.

마케팅 효과 사용

내가 주고자 하는 가치가 충분한지도 점검해볼 만한 가치가 있습니다. 리틀리 내 할인가와 정가 설정, 한정 수량 등을 활용하여 심리적인 효과(손실 회피 심리+FOMO 효과)를 활용하는 것도 좋은 방법입니다.

리틀리에서 상품을 등록할 때 [할인 표시]를 체크하면 정가와 판매가를 구분 지어 설정할 수 있습니다. 그리고 [재고 수량]을 입력하면 한정된 수량만 판매되는 것처럼 표기가 가능합니다.

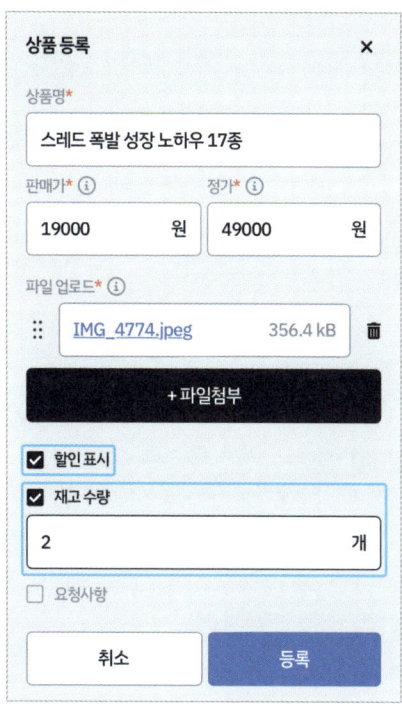

다른 방법으로는 상품명이나 제목에 "유료 전환 예정" 또는 "가격 인상 예정" 등의 문구를 통해 소비자에게 조급한 마음을 심어준다면, 조금 더 전환율이 높아질 겁니다.

>  스레드 운영 NOTE

리틀리를 사용하는 또 다른 이유

사이트를 운영할 때 마케터들이 확인하는 또 다른 지표 중 하나는 페이지 도달 속도(Page Load Speed), 다른 말로는 페이지 로딩 시간입니다. 이 지표를 보는 이유는 전환율과 이탈률에 큰 영향을 주기 때문입니다.

구글 웹 바이탈스(Google Web Vitals)에 따르면 로딩 시간이 1초에서 3초로 느려지면 이탈률은 약 32% 증가하고, 5초를 넘기면 이탈률은 90% 이상으로 치솟는다고 합니다.

회사 규모가 아닌 이상 페이지를 개발하고, 꾸준히 콘텐츠와 상품을 구성함과 동시에 이런 지표를 확인하기는 힘들기 때문에 리틀리와 같은 멀티 링크 서비스를 사용하는 것이 오히려 적절한 것입니다.

이런 서비스는 모바일 친화적 환경으로 구성돼 있고, 기능도 직관적이기 때문에 비교적 로딩 시간을 짧은 상태로 관리하기 수월합니다.

반대로 현재 폐쇄형 사이트 또는 사이트 제작 솔루션을 사용하고 있다면, 꼭 페이지 로딩 시간을 체크하기 바랍니다.

클릭률 점검

이번에는 클릭률을 점검해보겠습니다. 우선 가장 기본적으로 링크를 댓글이 아닌 게시글에 작성하지는 않았는지 체크해야 합니다. 145페이지에서 퍼널에 대해 이야기할 때 자세히 다루었으니, 해당 내용은 이미 숙지됐을 거라 믿고, 어떻게 하면 좀 더 클릭률을 '개선'할 수 있는지에 대해 알아보겠습니다.

호기심 해소 여부

혹시 게시물에서 너무 많은 이야기를 하지 않았는지 체크해봐야 합니다. 뉴스픽 파트너스 게시글을 작성했을 경우 궁금하게 만들기보다는 정답을 유추할 수 있게끔 이미지를 캡처하진 않았는지, 게시글 제목으로 이미 콘텐츠의 '기-승-전-결'이 소개되어 링크를 클릭할 명분이 없는 건 아닌지 체크해야 합니다. 틱톡 라이트 역시 게시글에서 틱톡 수익이라는 것이 극명하게 드러날 경우 클릭률이 낮아질 수 있습니다.

심리적 반발 효과 체크

글에서 과도하게 클릭을 유도하고 있지는 않은지 확인해봐야 합니다. "설치하면 2만 원!"과 같은 문구를 링크와 함께 사용하고 있지는 않은지 확인합니다.

제휴 마케팅의 경우 "결말은 링크에.."와 같은 문구는 오히려 심리적 반발을 일으킬 수 있으므로, 문구를 자제하거나 정말 붙이고 싶다면 콘텐츠에 대한 소감, 나의 생각 정도만 간단히 한 줄 정도 작성하는 것을 추천합니다.

물건을 판매하고 있는 경우에도 "콜롬비아 직수입 커피야! 꼭 먹어봐!" 또는 "우리 아이가 먹는 포도예요!"라고 하는 것은 반발 효과가 강할 수 있습니다. 마지막 클릭률을 높이는 문구를 꼭 쓰고 싶다면, "스친이라고 말하면 10% 할인해줄게" 또는 "10명한테만 반값 받고 더 안받을거야"와 같은 문구를 작성해보는 것을 추천합니다.

조회수 점검

마지막으로 조회수 점검입니다. 1~2단계 퍼널(인지-고려)의 성과인 조회수 역시 점검해볼 필요가 있습니다. 앞서 자세히 서술한 내용들이니, 자세한 원리나 전략보다는 다시 한번 복습하는 차원으로 확인하겠습니다.

두괄식 문장과 후킹

첫 문장이 어떤지 꼭 확인하기 바랍니다. 스레드 사용자 특성상 첫 문장이 끌리지 않으면 이어지는 글을 보지 않을뿐더러 클릭과 같은 다음 액션을 할 가능성은 매우 낮습니다. 꼭 두괄식으로 첫 문장을 작성하기 바랍니다.

가독성

텍스트 기반의 SNS인 만큼 글이 정확히 읽히지 않는다면, 실패할 가능성이 높아집니다. 줄 바꿈은 잘 되고 있는지, 리듬감은 잘 살아 있는지 꼭 확인하기 바랍니다.

> Tip 사용자들이 사용하는 휴대폰이 모두 다르기 때문에 줄 간격이 바뀌는 영역도 모두 다릅니다. 작은 휴대폰을 사용하는 사용자에게도 가독성 좋은 글로 보이기 위해 한 줄당 20자 이상은 넘지 않도록 글을 작성하는 것이 좋습니다.

SECTION 03

스레드에 수익화 글만 쓰면 안 된다
- 콘텐츠 믹싱 전략

스레드 수익화를 시도하다 보면 문득 '무조건 수익화 글만 쓰면 되는 건가?'라는 생각이 들 수 있습니다. 아무리 수익화를 위한 계정을 운영한다 해도 수익화 글만 올리는 것은 좋은 방법이 아닙니다.

수익화 글만 쓰면 안 되는 이유

작성하는 모든 게시글이 클릭과 전환을 이끌어내기 위한 글이라면 팔로워가 모이지 않거나 팬이 생기지 않을 가능성이 높습니다.

 스레드는 단순히 조회수가 높은 게시글만 노출을 많이 시켜주는 것이 아닙니다. 그만큼 중요하게 보는 또 다른 바이럴 지표, 즉 하트, 댓글, 리포스트, 공유 등이 있습니다. 이런 바이럴 지표가 높은 게시글일수록 더 많은 사람에게 노출됩니다.

물론 최대한 의도를 감추고 쓰면 수익화 글 역시 충분히 좋은 바이럴 지표를 얻을 수 있습니다만 일상글이나 정보가 전부 제공되는 유익한 글에 비하면 어려운 것이 사실입니다. 그러다 보면 스레드 알고리즘이 점차적으로 나의 게시글을 노출시켜주지 않을 가능성도 높아질 수밖에 없습니다.

앞서 설명한 대로 스레드는 '휘발성'이 매우 강합니다. 그러나 이는 알고리즘의 개념에서 적용되는 이야기입니다. 우리가 작성하는 게시글의 파급력이 강해진다면 브랜드의 이미지나 우리의 이름까지 쉽게 '휘발'되는 것이 아닙니다.

그런데 글이 올라올 때마다 목적성이 너무 강해 보인다면, 팔로우하기보다는 부정적인 인식이 생길 수 있습니다. 브랜드 얼굴에 목적성 다분한 표정만 보여진다면 활발하게 이야기를 나누며 소통하고자 하는 사람들은 내 스레드를 피할 가능성이 높습니다. 즉 퍼널의 마지막 단계인 재방문 비율이 낮아질 것이고, 충성도를 기대하기 어렵습니다.

특정 서비스나 물건을 판매하는 것이 아닌 앱테크와 제휴 마케팅만 진행하고 있다면 더욱 어렵습니다. 말 그대로 클릭만 유도하고, 제품이나 서비스로 만족감을 전달할 수 없기 때문입니다.

콘텐츠 믹싱 전략 활용하기

그래서 수익화 게시글을 씀과 동시에 스레드 알고리즘에 긍정적인 영향을 주는, 다른 팔로워나 스레드 사용자들과 소통하는 글도 써야 하는 겁니다.

정말 다행인 건 스레드는 게시글 하나를 작성하는 데 빠르면 5초 만에도 작성이 가능하고, 게시글 한 개당 1~2분이면 게시글 하나를 작성할 수 있다는 점입니다.

게시글 한 개 작성당 소요되는 시간이 매우 짧기 때문에 목적이 다른 글들, 예를 들어 일상글이나 정보성 글을 섞어주면, 즉 '콘텐츠 믹싱'을 하면 됩니다.

그럼 적절하게 콘텐츠의 빈도를 나누어 작성하기 위해 게시글 콘텐츠의 성격을 분류해보고, 팔로워 수별 콘텐츠 게시 빈도까지 알아보겠습니다.

게시글 유형 분류

수익화 게시글

- 댓글에 링크를 달아 '클릭'과 '전환'을 유도하는 글입니다.

- 스레드에서 온전히 즐기는 것이 아닌 마케팅 기법을 활용하여 궁금증을 유발하는 글입니다.

계정 활성화 게시글

- **순수 정보 제공** : 수익화 글과 가장 큰 차이점이라면 온전한 '기-승-전-결'을 포함하는 글이라는 점입니다. 보통은 저장할 만한 가치가 있거나, 흥미를 유발하는 글을 자주 사용합니다.

  유익한 정보뿐만 아니라 재밌는 글이나 최근 이슈를 다루어도 좋습니다. 뉴스픽 파트너스에서 인기 있는 글을 최대한 온전히 가져와 올려도 됩니다. 댓글에 링크만 달지 않는다면 목적성 없이 순수히 정보를 제공하는 글처럼 보일 수 있습니다.

- **소통형** : 댓글이나 좋아요 등을 유도하는 글입니다. 특히 소통형 글은 댓글을 유도하는 글을 주로 작성합니다.

  소통형 글도 마찬가지로 뉴스픽 파트너스의 콘텐츠들을 활용할 수 있습니다. 찬반이 갈릴 것 같은 스토리나 질문형 콘텐츠를 가져온다면 충분히 소통형 콘텐츠를 만들 수 있습니다. 물론 링크는 달지 않고요.

- **일상형** : 일상적인 글을 올리는 것으로, 가장 대표적인 글은 스하리 글입니다. '야구 어디 팀 응원해?'와 같이 실제 지인들과 자주 나누는 대화에서도 어떤 글을 올려야 하는지 힌트를 얻을 수 있습니다. 077페이지에서 제공한 '일상글 메이커'를 활용해도 좋습니다.

팔로워 수별 게시글 업로드 빈도

팔로워 0명 ~ 200명

- 계정 활성화 게시글만 올립니다.

- 팔로워가 적을 때는 수익화 게시글을 웬만하면 올리지 않는 것이 좋습니다. 물론 팔로워가 적어도 조회수를 확보하고, 수익을 얻을 수 있습니다. 하지만 계정을 만든 지 얼마 되지 않은 상태에서 링크가 포함된 게시글을 올릴 경우 메타로부터 제재를 받을 수 있으니 주의해야 합니다.

팔로워 200명 ~ 500명

- '계정 활성화 게시글 : 수익화 게시글'을 5:1 비율로 올립니다.

- 어느 정도 팔로워가 모인 상태라면 조금씩 수익화 게시글을 올려도 됩니다. 하지만 아직 팔로워가 많이 모이지는 않은 상태이므로 여전히 주의해야 합니다.

- 제휴 마케팅, 앱테크가 아닌 자사 서비스나 상품 홍보라면 5:2 정도로 빈도를 높여도 괜찮습니다.

팔로워 500명 ~ 1,000명

- '계정 활성화 게시글 : 수익화 게시글'을 3:1 비율로 올립니다.

- 팔로워가 500명이 넘었다면 수익화 게시글의 빈도를 조금씩 올려도 됩니다. 500명이 넘었다는 것은 어느 정도 게시글도 작성했다는 뜻이고, 소통도 원활하게 진행한 상태이기 때문입니다.

팔로워 1,000명 이상

- '계정 활성화 게시글 : 수익화 게시글'을 1:3 비율로 올립니다.

- 1,000명 이상 확보됐다면 어느 정도 계정이 안정화 단계에 들어섰다고 볼 수 있습니다. 수익화 글을 올려도 메타로부터 특별한 제재를 받지 않을 가능성이 높은 상황입니다.

여기서 주의해야 할 점은 이 기준이 절대적인 수치는 아니라는 것입니다. 원한다면 계정 활성화 게시글을 더 올려도 됩니다. 반대로 수익화 게시글을 많이 올려도 특별한 제재를 받지 않을 수도 있습니다.

하지만 스레드는 제재 기준을 명확하게 밝히지 않고 있어 제가 실제 여러 계정을 통해 실험한 결과로 기준을 만든 것이니 참고하기 바랍니다.

> 너무 드러나면 사용자들은 부담을 느끼거나 거부감을 느낄 수밖에 없습니다.
>
> 전환을 위한 퍼널 설계와 그에 맞는 게시글을 작성하는 수익화 게시글의 특징은 눈앞의 목표물을 겨냥하여 즉각적인 성과를 내는 '사냥꾼'과 유사합니다.
>
> 반면 지금 당장 성과가 나오지는 않지만 게시글을 통해 인지도를 쌓고, 관계를 쌓아 올린 후 성과를 내거나 충성도를 높이는 계정 활성화 게시글들의 특징은 밭을 갈고 씨앗을 뿌려 성과를 내는 '농부'와 유사합니다.
>
> 스레드를 운영하는 진짜 노하우는 '사냥꾼'과 동시에 '농부'가 되는 것입니다. 사냥만 하면 나의 밭이 없을 것이고, 농사만 지으면 수확 전까진 굶을 테니까요.

새로운 수익화 기회를 선점하자

스레드는 아직 초기 시장으로, 수익화 방법이 유튜브나 인스타그램, 틱톡, 블로그 대비 다양하지 않을 수 있습니다. 하지만, 스레드는 현재 무서운 속도로 성장하고 있기 때문에, 앞으로 수익화 방법 역시 다양해질 것입니다.

지금 스레드에서 할 수 있는 수익화 방법들을 시도해보고 익숙해진다면, 스레드의 발전에 따라 추가로 생기는 다양한 수익화 방법도 기민하게 시도할 수 있을 테니, 이 책의 내용을 참고해 스레드 수익화 경험치를 꾸준히 쌓아가길 바랍니다.

PART 04

스레드에서 다른 SNS로 확장하기

CHAPTER 01

플랫폼 확장의 첫걸음, 스레드

SECTION 01

다양한 SNS 운영에 스레드가 필수인 이유

인스타그램, 유튜브, 틱톡, 블로그 등 SNS 플랫폼이 다양해 많은 사람이 무엇부터 시작해야 할지 고민합니다. 저는 스레드부터 시작하라고 말합니다. 스레드가 모든 SNS의 기본이기 때문입니다.

> Tip 이 책의 026페이지에서 스레드를 처음 소개하며 '스레드가 콘텐츠 생산자에게 꼭 필요한 이유'를 간단히 설명한 바 있습니다. 이번 SECTION에서는 스레드가 왜 다양한 SNS 채널 운영에 필요한 기초 체력을 길러주는지 더욱 자세하게 알아보겠습니다.

콘텐츠 기획력 키우기

유튜브 롱폼 영상은 보통 8분에서 20분입니다. 사람들이 영상을 클릭하는 이유는 무엇일까요? 매력적인 섬네일 문구 때문일 겁니다. 나아가 클릭한 영상을 8분 이상 시청하게 하려면 초반 10초 동안 이 영상을 봐야 하는 이유를 설득하는 것이 중요합니다.

유튜브 쇼츠나 인스타그램 릴스 역시 마찬가지입니다. 짧으면 10초 길게는 1분 분량의 영상을 쭉 보게 만드는 요인은 초반 멘트입니다.

블로그는 어떨까요? 사람들은 키워드와 문장이 시작부터 잘 정리된 포스팅을 클릭하고 끝까지 읽게 됩니다.

영상이든 글이든 모든 콘텐츠의 첫 단추는 짧은 텍스트입니다. 이 첫 단추를 '기획'하는 것이 중요하고, 이것을 잘하는 힘을 '기획력'이라고 부르는데, 텍스트 중심 SNS 스레드는 기획력을 키우기에 최적화된 플랫폼입니다.

어색함과 상처 극복하기

처음 SNS를 시작하면 예상보다 어색함을 많이 느끼게 됩니다. 다른 사람에게 나와 내 콘텐츠를 소개하는 것이니까요. 상처도 많이 받게 됩니다. 공들여 업로드한 콘텐츠가 처음부터 사랑받을 확률보다는 외면받을 확률이 높으니까요.

영상 콘텐츠 중심의 SNS를 먼저 시작하면 어색하거나 상처받을 확률이 더 큽니다. 카메라에 내 모습을 보이거나 마이크로 음성을 녹음해야 하니 어색함은 더 커지고, 공들여 촬영하고 편집한 콘텐츠가 외면받으면 스레드에 짧은 텍스트로 적은 게시글이 관심받지 못했을 때보다 상처도 커지겠죠.

다양한 SNS를 섭렵하려면 결국 이런 어색함과 상처에 대한 두려움을 이겨내야 합니다. 이를 이겨내기 가장 좋은 플랫폼 역시 스레드입니다.

스포츠 선수도 많은 좌절을 겪어야 더 크게 성공합니다. SNS 역시 많은 실패를 이겨내는 과정에서 성장할 수 있습니다. 스레드에서 마음껏 어색해하고, 외면당해보세요. 스레드는 그래도 되는 곳입니다. 이 책에서 여러 번 말했듯이 결국 우리가 쓴 글은 '휘발'되니까요. 글이 휘발되면 나의 어색함과 상처도 금방 휘발됩니다.

기회비용 낮추기

스레드부터 시작해야 하는 또 다른 이유는 기회비용 때문입니다. SNS로 수익화를 할 때 가장 중요한 것은 '시간'입니다. 앞서 설명한 유튜브, 릴스, 블로그 콘텐츠에서 중요한 요소들을 기획하고, 그 기획이 성공할지 실패할지 테스트하기 위해서는 직접 콘텐츠를 만들어보는 수밖에 없습니다.

유튜브 롱폼 영상을 제작하는 데 초보자는 최소 7일이 소요됩니다. 영상 주제를 정하고, 대본의 흐름을 짜고, 촬영을 하고, 편집을 하는 등의 작업이 필요하니까요.

분량이 짧은 쇼츠나 릴스도 만만하게 보면 안 됩니다. 초보자라면 40초 내외 분량의 쇼츠나 릴스를 만드는 데 최소 하루는 꼬박 걸립니다.

긴 글을 써야 하는 블로그도 마찬가지입니다. 물론 챗GPT 등 AI의 등장으로 요즘에는 포스팅이 매우 수월해졌지만, 그래도 사용자의 체류 시간을 늘리는 블로그 포스팅을 작성하려면 초보자는 최소 몇 시간을 반납해야 합니다.

앞서 SNS로 수익화할 때 중요한 것은 '시간'이라고 말했죠? 이렇게 한 번의 시도 자체가 기회비용인 SNS에서 살아남기 위해서는 기회비용이 낮은 스레드를 적극 활용할줄 알아야 합니다. 어떤 주제로 콘텐츠를 만들어야 좋은 반응을 얻는지, 실패 가능성이 낮아지는지 스레드에서 먼저 익혀야 합니다.

SECTION 02

저비용, 고효율 스레드 활용하기

앞선 SECTION에서 다른 SNS를 잘 활용하기 위해 우리는 스레드를 먼저 시작해, 스레드 플랫폼을 활용해야 한다고 말했습니다. 그렇다면 어떤 방식으로 스레드를 활용해야 할까요? 지금부터 유튜브 롱폼 영상, 릴스와 쇼츠, 블로그 순으로 자세한 활용법을 알아보겠습니다.

유튜브 롱폼 영상

주제 검증

유튜브 롱폼 영상을 만들 때 주제 선정은 매우 중요합니다. 많은 초보 유튜버들이 실수하는 부분이 유튜브 주제로 '내가 하고 싶은 이야기'를 선정한다는 것입니다.

대중이 그 주제를 원하지 않는다면 아무리 좋은 이야기도 노출되지 않습니다. 대중이 원하는 말, 주제가 무엇인지 고민하여 파악해야 합니다.

주제가 고민될 때 스레드에 여러 가지 주제의 글을 작성해보는 겁니다.

- 마케터 퇴사하고 깨달은 점 5가지
- 유튜브로 부자 됐다는 유튜버 따라 한 수익 공개
- 월 1,000만 원 벌면서 깨달은 부업 장단점

이렇게 겹치지 않는 주제 후보를 만들고, 스레드에 게시합니다. 그 후 가장 반응이 좋은 주제를 선정하는 겁니다. 만약 큼지막한 카테고리를 정해지 못했다면 내가 유튜브 주제로 사용하고 싶은 키워드를 정해봅니다.

- 야구
- 마케팅
- 게임
- 부업

위와 같이 키워드를 정하고, 스레드에서 관련된 내용들을 최대한 많이 남겨보길 바랍니다. 그런 다음 마찬가지로 반응이 좋은 키워드를 잡으면 됩니다.

이 방식의 또 다른 장점은 나 자신을 정확하게 알 수 있다는 것입니다. 'A를 주제로 하면 할 얘기가 많을 줄 알았는데, 생각보다 없네?', 'B 주제는 할 얘기가 별로 없을 줄 알았는데, 생각보다 하고 싶은 얘기가 계속 떠오르네?' 등과 같이 나 스스로에 대한 인사이트를 얻을 수 있습니다. 이렇게 나를 스스로 파악하고 다른 SNS를 시작한다면 훨씬 성공률을 높일 수 있겠죠.

섬네일 문구 검증

유튜브에서 주제 선정 다음으로 중요한 건 섬네일 문구입니다. 많은 사람이 내 영상을 선택해야, 즉 클릭률이 높아야 더 많이 노출되는데, 섬네일 문구가 클릭을 유도하는 요인이기 때문입니다.

> Tip 영상 성격에 따라 섬네일 문구를 넣지 않는 경우도 있지만, 대부분은 섬네일 문구로 시청자를 후킹합니다.

유튜브 섬네일 문구는 스레드의 첫 문장과 유사합니다. 스레드 역시 첫 줄에서 사용자의 눈길을 사로잡아야 조회수가 늘어나기 때문입니다.

유튜브 주제를 '마케팅'으로 정했다고 가정하고, 섬네일 문구 후보를 작성해보겠습니다.

- 하나의 실수로 1억 손해 봤던 썰
- 이거 하나면 마케팅 AI 툴 필요 없어요
- 요즘 잘나가는 마케터들은 이거에 돈 안 써요
- 이것도 모르고 마케터라고?
- AI 툴, 3개만 알아도 연봉 2배 오릅니다
- 마케팅 팀장급 이상만 이 콘텐츠 보세요

이렇게 유튜브 섬네일 문구 후보를 게시글에 적고, 나머지 상세 내용은 댓글에 이어서 적습니다. 섬네일 문구를 검증하기 위한 것이니, 다른 내용은 영향을 주지 않기 위함입니다.

> Tip 유튜브 영상을 업로드할 때 섬네일을 여러 개 만들고 A/B 테스트할 수 있는 기능이 있습니다. 하지만 조금 더 효율적이고 기회비용이 낮은 방식은 스레드를 활용해 섬네일 문구를 테스트하는 것입니다.

릴스와 쇼츠

릴스와 쇼츠는 짧은 영상이기 때문에 조금만 지루해도 외면받습니다. 따라서 1초 만에 관심을 끄는 것이 중요합니다. 테스트 방식은 유튜브 롱폼 영상 섬네일 문구와 거의 같습니다.

　조금 다른 점은 섬네일 문구 테스트를 할 때는 내용을 댓글에 달아주는 게 좋고, 릴스와 쇼츠 콘텐츠를 테스트할 때는 본문 내용을 한 번에 쓰는 게 좋다는 점입니다. 전체적인 흐름까지 테스트해야 하니까요.

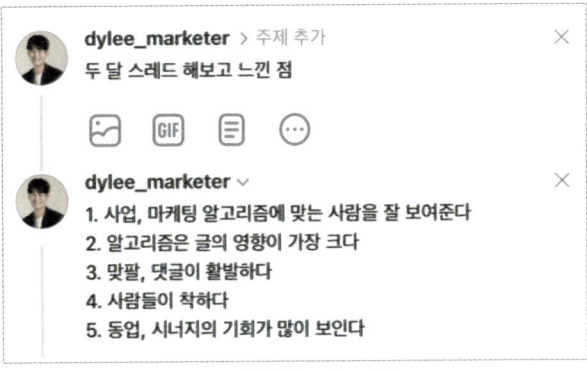

유튜브 섬네일 문구 테스트 예시

릴스/쇼츠 테스트 예시

　　이런 방식으로 다양하게 테스트해보기 바랍니다. 계속 테스트를 하며 반응을 확인하고, 가장 성과가 좋은 문장들만 릴스로 만드는 겁니다.

　　성과가 나올지 말지 불확실한 상황에서 숏폼 영상을 만들며 자주 좌절하지 말고 테스트를 통해 검증된 내용으로 타율을 높이세요.

> **Tip** 한 때 1일 1릴스라는 말이 유행이었습니다. 초보자라면 스레드에서 테스트한 콘텐츠를 바탕으로 1일 1릴스를 올리는 것도 추천합니다. 최대한 릴스 기획, 제작, 업로드에 익숙해져야 하는 시기이기 때문입니다. 하지만, 어느 정도 숙련됐다면 1일 1릴스를 크게 추천하지 않습니다. 릴스는 스레드와 다르게 자주 올려서 승부를 보기보다는 조금 더 높은 퀄리티의 영상이 중요하기 때문입니다.

블로그

　　블로그는 장문의 글을 논리정연하게 작성해야 사람들의 체류 시간을 늘려 성장할 수 있습니다. 블로그 글 역시 두괄식으로 사람들이 가장 흥미를 느낄 내용을 앞단에 배치하는 전략이 중요합니다.

이 역시 스레드로 테스트할 수 있습니다. 만약 아이폰과 관련된 글을 작성한다고 가정해보겠습니다. 우리는 사람들이 '아이폰 출시일', '싸게 사는 법', '갤럭시와 비교했을 때의 장단점', '아이폰 스펙' 중 무엇을 가장 궁금해할지 모릅니다.

> Tip 블로그 아이폰 포스팅에는 위 내용들을 모두 포함할 수 있습니다. 하지만 사람들이 가장 궁금해할 만한 내용을 최상단에 배치해야 합니다.

그럴 때 스레드에 관련된 글을 전부 작성해보는 겁니다. 그런 다음 가장 반응이 좋은 내용 순서로 글을 배치한다면, 사람들의 관심도를 높이는 블로그 글을 쓸 수 있습니다.

 〉 ✏️ 스레드 운영 NOTE

스레드로 블로그 콘텐츠 테스트 시 주의!

블로그에 어떤 '주제'로 글을 써야 성공할지 스레드로 찾는 것은 좋지 않은 방식일 수 있습니다. 이는 스레드 사용자와 블로그 사용자의 특징을 비교하면 쉽게 이해할 수 있습니다.

스레드는 피드라는 곳에 자연스레 글이 노출되고, 사람들이 흥미를 가질 만한 글이면 성공합니다. 반면 블로그는 정보를 얻고 싶은 특정 키워드를 검색하고, 흥미로운 포스팅을 클릭한 다음 오랜 시간 체류해야 성공합니다.

블로그를 잘하기 위해 스레드를 한다는 뜻은 결국 어떤 주제로 글을 쓸지에 대한 감을 익히기 위함이 아닌 어떤 흐름으로 글을 이어나가야 사람들이 좋아하는 글을 작성할 수 있는지를 익히기 위함이라고 보는 게 맞습니다.

블로그에 올릴 만한 주제를 찾기 위해서는 '판다랭크', '아이템스카우트', '키워드마스터' 등을 통해 주제를 서치하는 것이 효율이 높을 수 있다는 점을 참고합니다.

SECTION 03

스레드 하나만 하면 안 되는 이유

OSMU 활용

이 책은 스레드 책인데 왜 자꾸 다른 SNS를 이야기하는 걸까요? 인플루언서들 중 SNS를 하나만 하는 경우는 잘 없습니다. 하나의 콘텐츠를 다양한 SNS에 게시하는 OSMU_{One Source Multi Use}가 가능한 시대인데, 하나만 한다는 것은 손해니까요.

근간이 되는 SNS를 메인으로 운영하는 것과 딱 하나의 SNS 채널만 운영하는 것은 다른 개념입니다. 스레드에 근간을 세워두고, 언제든 다른 SNS로 확장할 활주로를 뚫어둬야 합니다.

타 플랫폼과의 시너지

스레드로 손쉽게 수익화를 할 수 있는 것은 사실입니다. 1분 만에 쓴 글, 짧으면 3줄의 글로도 수익을 낼 수 있으니 효과가 엄청납니다. 그래서 앱테크나 제휴 마케팅(뉴스픽 파트너스)과의 궁

합이 좋은 것입니다. 여기서 조금 더 욕심을 내어 매출을 극대화하고 싶을 때 다른 플랫폼으로 확장하는 것입니다.

유튜브나 블로그 콘텐츠로 상품에 대한 심층적인 설명을 제공하거나, 쇼츠나 릴스를 통해 비주얼적인 후킹을 해 더 많은 전환을 일으킨다면, 스레드와 좋은 시너지를 일으킬 수 있습니다.

스레드 수익화가 처음인 사람들은 앱테크, 제휴 마케팅으로 수익화를 진행할 겁니다. 스레드를 통한 수익화에 어느 정도 익숙해졌다면, 높은 객단가의 상품을 마케팅하는 것에도 욕심이 생길 겁니다. 그때 스레드 외에 확장해둔 플랫폼을 적극적으로 활용하면 됩니다.

CHAPTER 02

다양한 플랫폼으로 확장하는 방법

SECTION 01

인스타그램으로 확장하기

스레드는 인스타그램과 연동돼 있다는 커다란 장점을 가진 SNS입니다. 따라서 스레드에 올린 글을 그대로 인스타그램에 올릴 수도 있습니다.

Tip PART 01에서 스레드를 꼭 해야 하는 이유를 설명하며, 스레드의 든든한 백이 인스타그램임을 말한 것을 기억하나요? 우리는 인스타그램까지 활용해보겠습니다.

저도 별도의 인스타그램 게시글이나 릴스를 만드는 데 시간을 투자할 수 없을 때는 스레드 글을 인스타그램으로 바로 옮겨 시간을 절약하고 있습니다.

인스타그램 게시글로 올리는 방법

01 우선 반응이 좋은 스레드 글을 하나 골라 하단의 종이 비행기 아이콘 ▷ 을 누릅니다.

02 [Instagram 게시물]을 선택합니다. 그러면 자동으로 인스타그램 앱으로 화면이 전환되는데, [텍스트]를 눌러 텍스트를 추가할 수도 있습니다.

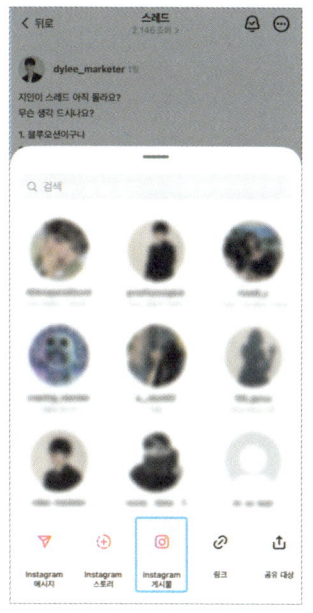 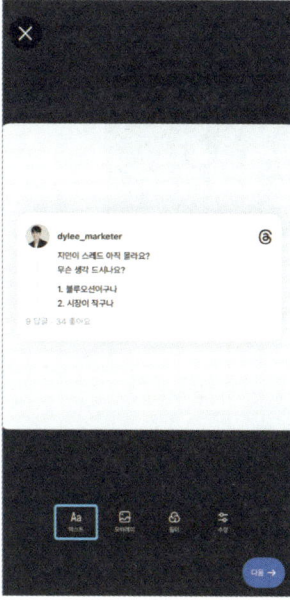

03 원하는 방식으로 텍스트를 작성합니다. 책에서는 "아직 스레드 몰라요?"라고 적고 [다음]을 눌러보겠습니다. 이후 "지인들이 스레드 몰라요?"라는 캡션까지 적고 [공유하기]를 누르면 끝입니다. 매우 간단하죠? 익숙해지면 30초 내로 인스타그램 게시글 하나를 만들 수 있을 겁니다.

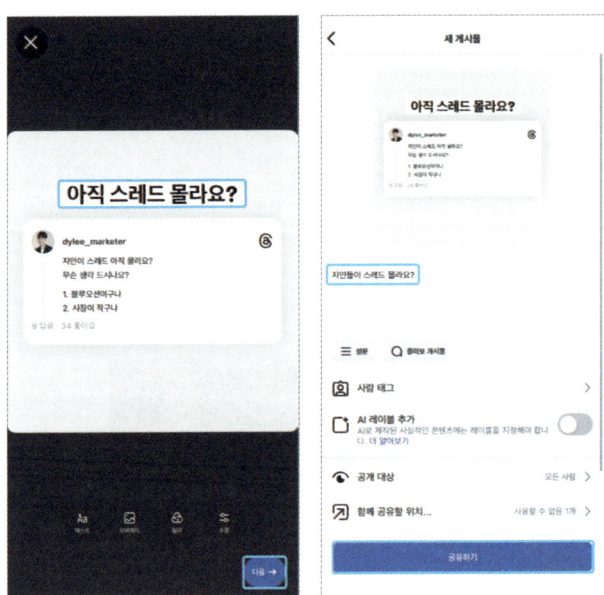

Tip '지인들이 스레드 몰라요?'라고 추가한 캡션은 인스타그램 게시물 이미지 아래에 글로 노출되는 영역입니다.

릴스로 올리는 방법

이번에는 스레드 게시물을 인스타그램 릴스로 확장하는 방법을 알아보겠습니다.

01 릴스로 만들고 싶은 스레드 게시글을 고르고 종이 비행기 아이콘 ▷을 누릅니다.

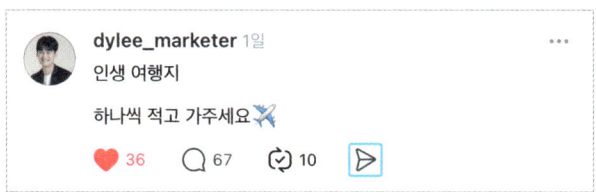

02 이번에는 [Instagram 스토리]를 누릅니다. 그럼 자동으로 스토리를 만드는 인스타그램 화면으로 넘어갑니다. 여기서 우측 최상단의 더보기 아이콘 ●을 눌러줍니다.

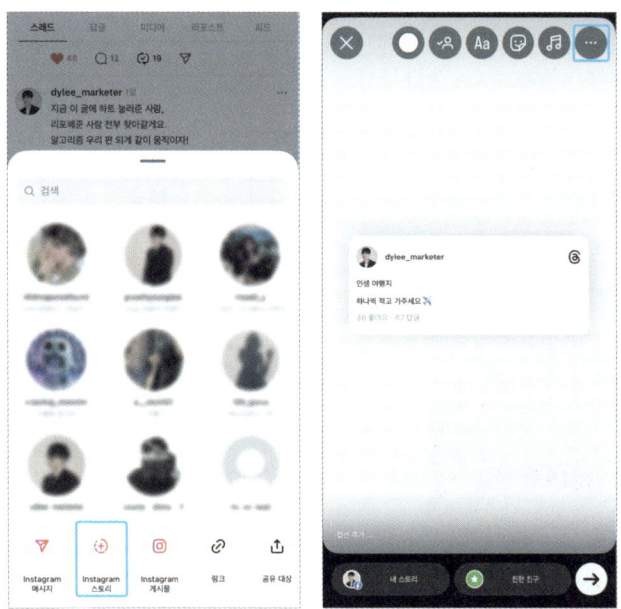

Tip 지금 단계는 스토리를 만들기 위한 작업이 아닙니다. 릴스를 바로 만드는 기능은 없어, 릴스로 만들어줄 이미지를 확보하는 과정입니다.

03 [저장]을 눌러 이미지를 확보한 다음 닫기 아이콘 을 누릅니다.

04 인스타그램 홈 화면으로 돌아오면 하단 중간에 [+] 버튼을 누릅니다.

05 하단 항목에서 [릴스]를 선택한 다음 내가 저장한 이미지를 선택합니다. 이어서 [다음]을 누릅니다.

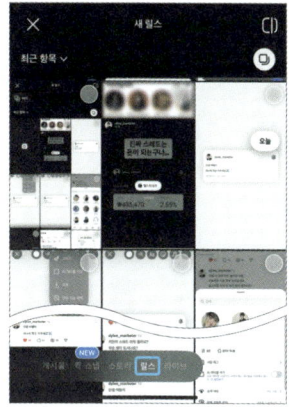 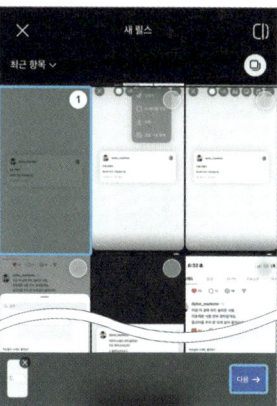

06 전환된 화면에서 [다음]을 누르면 릴스를 커스텀할 수 있는 기능들이 하단에 나옵니다.

 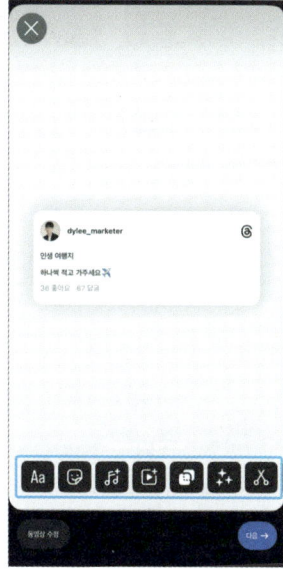

07 텍스트 아이콘 Aa 을 눌러 "당신의 인생 여행지는?"이라는 텍스트를 추가해보겠습니다. 이어서 BGM을 넣기 위해 하단의 편집 기능 중 음표 아이콘 🎵 을 누릅니다.

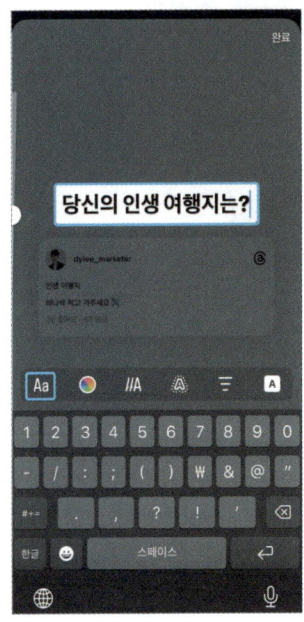 

Tip 이미 스레드 게시글 자체로도 텍스트 후킹의 기능을 하고 있다면, 추가 텍스트를 굳이 넣을 필요는 없습니다. 하지만 릴스를 만들 때 BGM은 필수입니다. 특히 텍스트로만 이루어진 콘텐츠를 릴스로 만들 때 BGM이 없으면 정적인 느낌이 들어 외면받을 확률이 높아집니다.

08 그러면 BGM으로 넣을 음악을 고를 수 있습니다. [추천], [인기 상승] 등의 카테고리가 있고, [오디오 검색]을 통해 원하는 음악을 검색할 수도 있습니다. 내 콘텐츠와 콘셉트가 맞는 음악을 선택합니다. 음악을 선택한 후에는 하단에서 원하는 음악의 구간도 자유롭게 설정합니다.

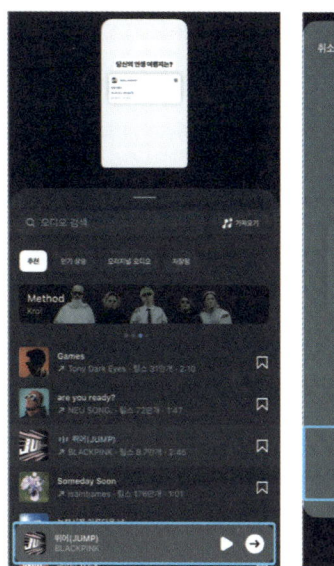
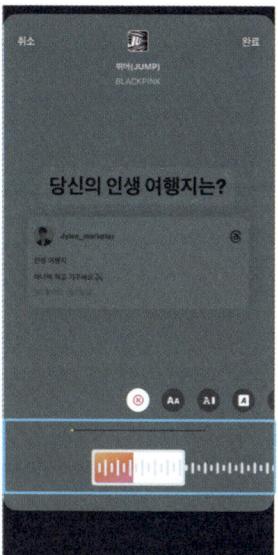

09 그다음 [캡션 추가]를 눌러 원하는 대로 캡션을 작성하고 [확인]을 누릅니다. 마지막으로 [공유하기]를 누르면 끝입니다.

이렇게 큰 힘을 들이지 않고도 인스타그램으로 확장할 수 있습니다. 이 방법은 인스타그램에서 나의 영향력을 높이는 방법은 물론이고, 인스타그램에서 활동하는 사람들을 나의 스레드로 유입시킬 수도 있는 방법이니 잘 활용해보길 바랍니다.

 📝 스레드 운영 NOTE

인스타그램에서 스레드로 확장하기

반대로 인스타그램에서 스레드로 확장하는 방법도 있습니다. 릴스 하나를 만드는 데 꽤 많은 시간이 걸리는데 1분만 더 투자해서 더 많은 사람에게 노출시킬 수 있다면 하지 않을 이유가 없죠.

릴스 콘텐츠 스레드에 올리는 방법

01   스레드로 옮기고 싶은 릴스를 선택하고, 우측 하단에 종이 비행기 아이콘 ▽을 누릅니다. 하단 영역을 오른쪽으로 스크롤하면 보이는 [Threads]를 누릅니다.

02 스레드 앱 화면으로 자동 전환되고, 내가 만든 릴스가 영상처럼 보이게 세팅됩니다. 스레드의 톤앤매너에 맞게 텍스트를 작성한 다음 [게시]를 누릅니다.

SECTION 02

유튜브, 틱톡으로 확장하기

스레드와 연동돼 있는 인스타그램을 넘어 더 많은 플랫폼으로 확장한다면 더할 나위 없이 좋습니다. 이 책의 245페이지에서 언급한 OSMU를 적극적으로 활용하는 것이죠. 그럼 우리가 만든 릴스를 다운로드해 유튜브와 틱톡으로 확장하는 방법까지 알아보겠습니다.

스레드 게시글 유튜브, 틱톡으로 확장하는 방법

원하는 스레드 콘텐츠를 골라 릴스를 만들기 위한 화면으로 옵니다. 하단의 릴스 편집 기능을 오른쪽으로 스크롤했을 때 보이는 다운로드 아이콘 ⬇을 누르면 다른 플랫폼으로 확장할 소스 확보는 끝입니다.

Tip '원하는 스레드 콘텐츠를 골라 릴스를 만들기 위한 화면'으로 이동하는 방법은 앞선 251페이지 설명을 참고합니다.

> Tip 스레드 콘텐츠를 인스타그램 릴스로 확장할 때 미리미리 다운로드해 소스를 쌓아두면, 유튜브나 틱톡 등 플랫폼으로 확장하기 수월합니다. 이미 업로드한 릴스에서 다운로드할 경우 워터마크가 생기고 BGM도 그대로 다운로드되기 때문에 이 과정을 통해 소스를 확보하는 것이 좋습니다.

이 소스를 사용하여 틱톡, 유튜브 등 다른 영상 플랫폼에도 활용할 수 있습니다.

유튜브 쇼츠 올리는 방법

인스타그램에서 저장한 영상을 유튜브 쇼츠로 올리는 방법에 대해 알아보겠습니다. 그 전에 유튜브 채널 개설을 해야겠죠?

유튜브까지 영역을 본격적으로 확장하고 싶은 분들을 위해 유튜브 가입부터 채널 세팅 방법을 정리한 전자책을 무료로 제공합니다. 스레드에서 기초를 다져 유튜브로 확장하고 싶은 분들을 위한 선물이 되었으면 합니다.

01 유튜브 전자책을 보고 가이드대로 채널을 개설했다면 유튜브 앱 홈 화면에서 [+] 버튼을 눌러줍니다.

02 하단 메뉴를 [Shorts]로 맞추고 좌측 하단에 [추가]를 누릅니다. 그리고 저장해둔 릴스 영상을 선택합니다.

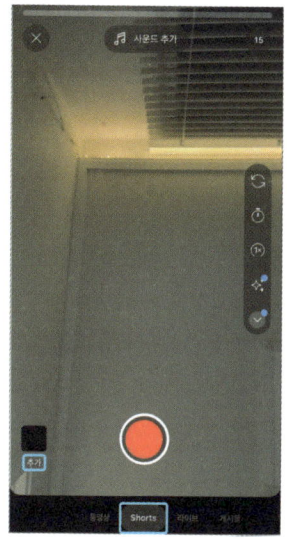

03 인스타그램의 릴스는 1초 분량 영상도 업로드할 수 있지만, 유튜브 쇼츠 영상은 영상 길이가 최소 15초는 돼야 합니다. 영상 길이가 15초보다 짧은 경우에는 동일한 영상을 반복해서 추가하면 됩니다. 그러면 빨간색 게이지가 가득 찬 것을 확인할 수 있습니다. 우측 하단에 [완료] 버튼을 눌러줍니다.

04 화면 최상단에 [사운드 추가]를 누릅니다.

05 추천에 뜨는 사운드를 추가하거나 원하는 사운드를 선택한 다음 화살표를 누릅니다.

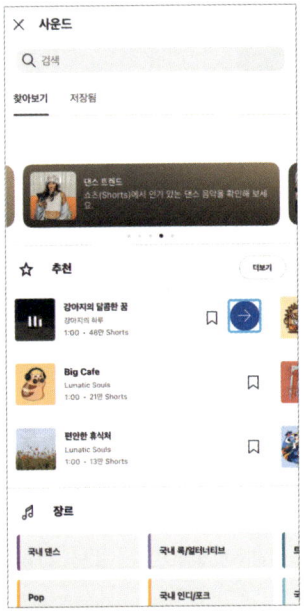

06 선택한 사운드가 추가된 것을 확인할 수 있습니다.

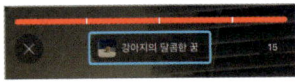

07 인스타그램 릴스와 마찬가지로 텍스트를 추가하거나 음성을 추가하는 등 추가 편집을 진행할 수 있습니다. 원하는 대로 꾸민 후 [다음]을 누릅니다.

08 제목 부분에 캡션을 작성하고, [Shorts 동영상 업로드]를 누르면 업로드가 완료됩니다.

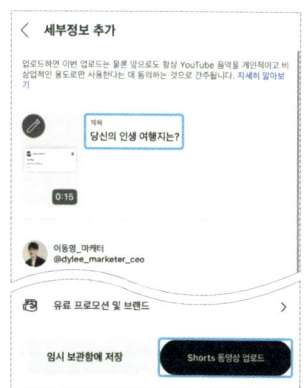

틱톡 영상 올리는 방법

이번에는 인스타그램에서 저장한 영상을 틱톡에 올리는 방법에 대해 알아보겠습니다.

01 틱톡 앱을 설치하고 회원 가입을 완료한 후 화면 하단 중앙에 [+] 버튼을 누릅니다.

02 우선 영상을 추가해야 하니, 우측 하단 사진과 영상 보관함 영역을 누르고, 동영상을 선택한 후 업로드할 영상을 선택하여 [다음]을 누릅니다.

03 화면 상단 중앙에 [사운드 추가]를 누르고, 원하는 사운드를 선택합니다.

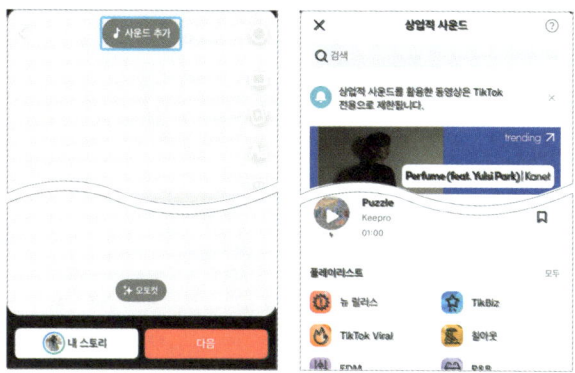

04 마찬가지로 우측의 툴을 통해 영상을 추가 커스텀할 수 있습니다. 완료되었다면 [다음]을 누릅니다. 그리고 내용을 작성하고 [게시]를 누르면 완료입니다.

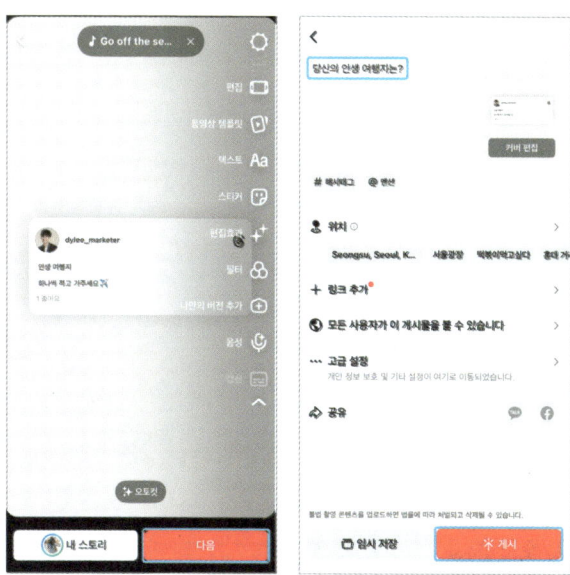

APPENDIX

스레드 운영 시 주의 사항 총정리

> 주의 사항 01 **2차 인증 필수**

스레드 계정 2차 인증은 필수입니다. 스레드 사용자가 급증해 스레드에서 어뷰징 계정에 대한 제재가 심해지고 있습니다. 만약 2차 인증을 하지 않을 경우 조금만 팔로우를 많이 해도, 조금만 댓글을 많이 달아도 대부분의 계정들이 금방 막히고 있습니다. 나아가 수익화를 위해 댓글에 링크 몇 개를 달아도 계정이 막히고, 메타에서 소명을 요청하는 알림을 받는 경우가 생깁니다. 스레드가 로봇이라고 간주하는 계정은 웬만해서는 막는 겁니다.

로봇이나 매크로를 통해 만든 계정이나 스팸 계정이 아닌, 실제 사용자가 스레드를 즐기기 위해 가입했다는 것을 어필해야 계정이 막히지 않습니다. 그 첫 번째 절차가 2차 인증입니다. 2차 인증은 휴대폰 번호와 이메일 외에 OTP 인증까지 하는 것이 좋습니다.

OTP 2차 인증 설정하는 방법

01 먼저 OTP 인증 앱을 설치합니다. 구글 스토어 또는 앱 스토어에 접속 후 'google authenticator' 또는 'google OTP'를 검색해 [받기]를 누릅니다.

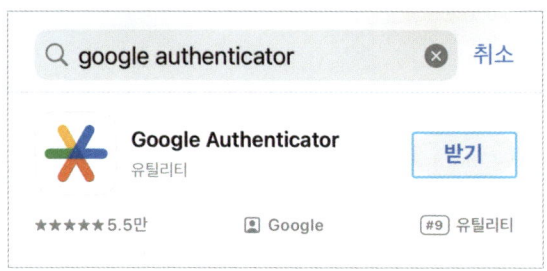

02 인스타그램 앱을 열고 프로필 화면에서 우측 상단 메뉴 아이콘을 누릅니다. 그런 다음 [계정 센터]를 누릅니다.

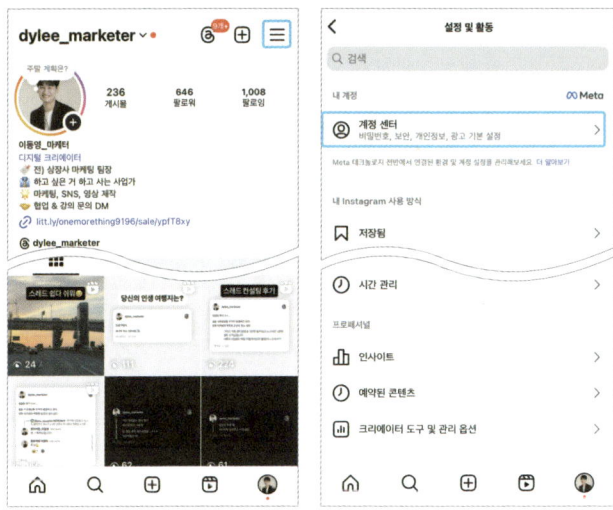

03 [비밀번호 및 보안]을 누르고 [2단계 인증]을 누릅니다.

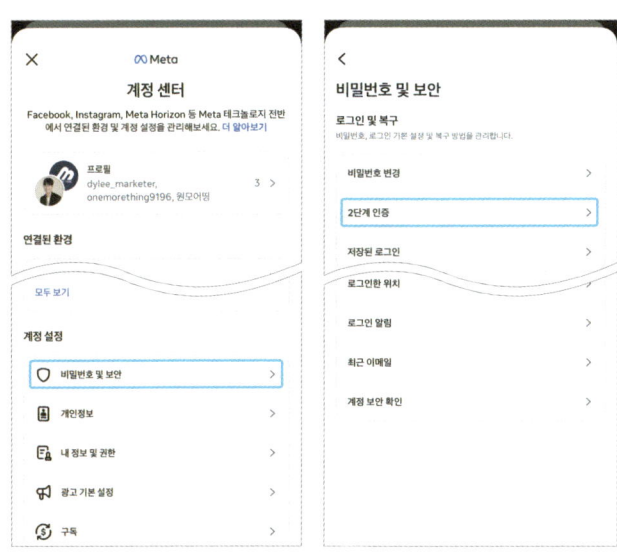

04 2단계 인증을 설정할 인스타그램 계정을 선택합니다. 인스타그램은 스레드와 연동돼 있으므로, 2단계 인증을 설정할 스레드 계정을 선택한다고 생각하면 됩니다. [계정 보호] 화면이 뜨면 [인증 앱]을 선택하고 [다음]을 누릅니다.

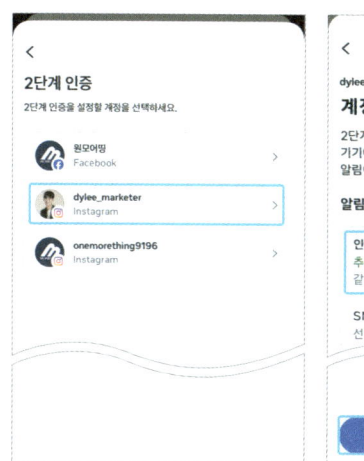

05 [키 복사]를 누릅니다.

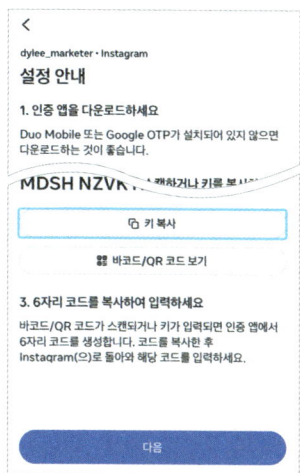

06 'Google Authenticator' 앱을 열고 로그인합니다. [+]를 누르고 [설정 키 입력]을 누릅니다. [계정 이름]에 "인스타 아이디"를 입력하고 [내 키]에는 인스타그램에서 복사한 키를 붙여넣기 합니다. 이후 [추가]를 누릅니다.

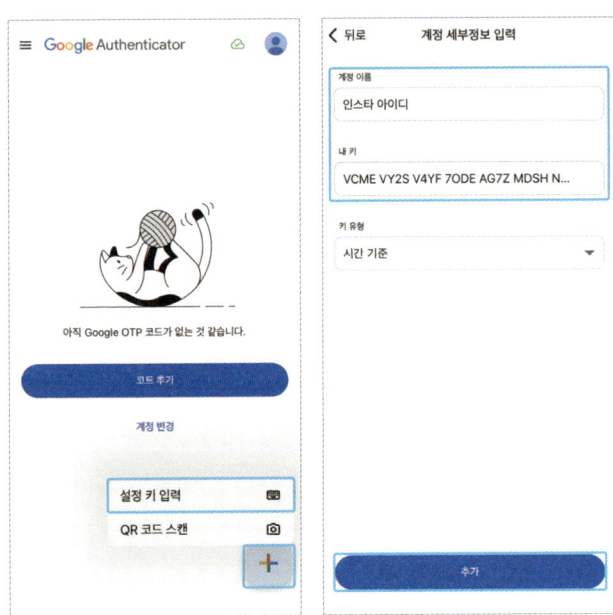

Tip [계정 이름]은 내가 키를 구분 짓기 위한 이름이므로, 원하는 대로 적으면 됩니다.

07 우선 구글의 OTP를 복사합니다. 구글 OTP는 오른쪽 초시계의 시간이 지나면 코드가 변경되니 꼭 확인하기 바랍니다.

08 다시 인스타그램 앱을 엽니다. 그리고 기존 화면에서 [다음]을 누릅니다.

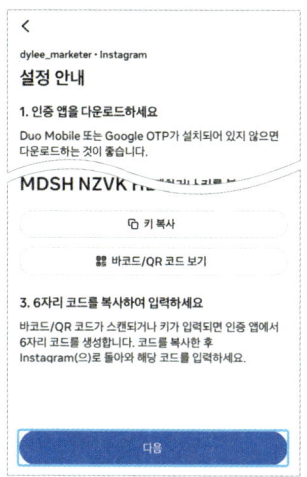

09 [코드 입력]에 복사한 구글 OTP를 입력하고 [다음]을 누릅니다. [2단계 인증이 설정되었습니다] 화면을 확인하고 [완료]를 누르면 끝입니다.

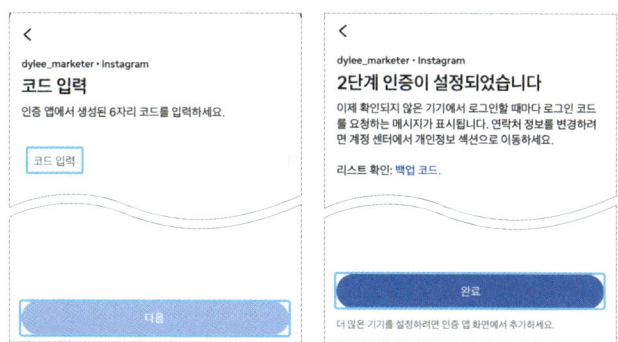

Tip 인스타그램, 즉 스레드 계정 1개당 1번씩 OTP 인증을 해야 합니다. 스레드를 하다 보면 여러 계정을 운영하는 경우가 생기는데, 만약 계정을 추가로 만들었다면 그 계정도 꼭 OTP 인증을 해줘야 합니다.

▶ **주의 사항 02** **반복 행동은 주의**

처음 스레드를 하면 생각지 않게 팔로워가 많이 느는 경험을 하게 될 수 있습니다. 많은 분들이 여기서 실수를 하는데, 반가운 마음에 팔로우해준 모든 사람을 맞팔하면 팔로우 기능이 막힙니다. 처음에는 팔로우만 막히지만, 막히는 빈도가 잦아질 경우 계정 자체가 막힐 수 있습니다.

계정을 생성한 지 얼마 안 된 상태일 때는 팔로우뿐만이 아닌 좋아요, 댓글, 리포스트 등을 할 때도 동일한 행동을 반복하는 행위는 피해야 합니다.

▶ **주의 사항 03** **기능이 막혔다가 풀렸을 때는 더욱 주의**

반복 행동을 주의해도 팔로우 또는 댓글 기능이 막힐 수 있습니다. 이런 경우는 시간이 지나면 다시 사용할 수 있습니다. 언제 풀리는지에 대한 명확한 기준은 없지만, 보통 6시간~이틀 정도가 소요됩니다.

기능이 막혔다 풀렸을 경우 이틀은 지난 다음 맞팔을 하거나 댓글을 다는 것을 권장합니다. 한 번 기능이 막힌 다음에는 더 적은 수로도 기능이 막힐 가능성이 높습니다.

▶ **주의 사항 04** **PC로 스레드를 할 때 주의점**

PC에서 스레드를 해도 괜찮습니다. 다만, 여러 PC에 동시 접속

및 여러 번의 로그인-로그아웃은 주의해야 합니다. 확인되지 않은 IP 접속이 여러 번 발견될 경우 계정이 막힙니다. 이럴 경우 본인 확인을 해야 할 수도 있고, 본인 확인을 해도 7일 이상 동안 계정 사용이 정지될 수도 있으니 주의하기 바랍니다.

▶ 주의 사항 05 조회수가 안 나올 때 체크리스트

글을 꾸준히 올렸는가?

글은 꾸준히 올려야 합니다. 처음에는 반응이 없을 수 있습니다. 하지만 꾸준히 올리다 보면 기회는 옵니다.

계정 자체가 알고리즘의 외면을 받지는 않았는가?

워낙 스레드 알고리즘이 랜덤해 특정 계정에서 올리는 게시글을 지속적으로 노출시켜주지 않을 때도 있습니다. 초반에 아무리 글을 올려도 조회수가 안 나온다면 다른 계정을 만드는 것도 방법입니다.

계정 규모가 이미 커져 새로운 계정을 만들 수 없다면 1~2주 뒤에 다시 게시글을 올려보는 것도 좋습니다. 콘텐츠에 문제가 없다면 계정은 다시 살아납니다.

부적절한 콘텐츠를 업로드하지는 않았는가?

정치 관련이나 선정적인 콘텐츠를 올린 적은 없는지, 욕설이나 비방 등의 콘텐츠를 올린 적은 없는지 체크하고, 혹시라도 올렸다면 삭제합니다.

주의 사항 06 신고된 게시글 확인은 필수

스레드 앱을 실행하고 프로필 화면에서 상단의 [메뉴☰]-[도움말]-[지원 요청]-[위반]을 눌러 위반된 콘텐츠가 없는지 확인합니다. 만약 있다면 해당 게시물을 선택하고 [재고 요청]을 누릅니다. 확인이나 조치를 취하지 않으면 문제가 생길 수 있습니다.

Tip [재고 요청]을 누르면 검토 결과가 나오는 데 최대 7일까지 걸립니다. 결과가 나오기 전까지는 수익화 게시글을 절대 올리면 안 됩니다. 계정이 영구 정지될 수도 있으니 반드시 주의합니다.

앞서 228페이지에서 콘텐츠 믹싱 전략을 배울 때 팔로워 수별 게시글 업로드 빈도를 안내한 바 있습니다. 계정을 만든 지 얼마 안 된 상태에서 수익화 게시글을 올릴 경우(링크를 공유할 경우) 계정이 막힐 수 있으니, 앞서 배운 대로 초반에는 계정을 활성화하는 데 더 집중합니다.

에필로그

제가 받은 도움처럼 독자분들께
도움을 드리고 싶습니다

감사의 말씀

처음 온라인 마케팅을 배웠던 순간이 기억납니다. 홈쇼핑 방송을 하던 사람이었기에 온라인 마케팅도 쉽게 할 수 있을 것이라 생각했습니다. 하지만 이런 오만은 1주일 만에 깨지고 말았습니다. 단순한 이미지 한 장도 예산을 집행할 때는 목적과 의도가 있어야 했으며, 다양한 데이터를 분석할줄도 알아야 했기 때문입니다.

복잡한 데이터를 분석하는 방법과 마케팅 용어들을 밤새 알려주고, 함께 고생했던 바비톡 마케팅팀에 무한한 감사를 드립니다. 마케터로서의 인생을 살게 된 발판이 됐습니다.

만약 마케터 관점에서 SNS를 접근하지 못했다면 한 달 만에 스레드 팔로워 1만 명을 모으지 못했을 겁니다. 뿐만 아니라 스레드 수익화에 성공하지 못했을 겁니다.

또한, 이 책의 시초가 되기도 한 스레드 전자책을 함께 제작하고, 전자책의 내용을 1,000명이 넘는 사람에게 전달할 수 있도록 도와주었던 저의 영원한 파트너인 이영덕 님에게도 무한한 감사를 드립니다.

영화 감독이 되겠다며 학창 시절 공부를 멀리할 때도, 공무원을 하겠다고, PD가 되겠다고 할 때도, 입봉한 이후 마케터가 되겠다고 할 때도 언제나 묵묵히 저를 응원해주신 부모님, 사랑합니다.

살면서 항상 누군가의 도움을 받았던 것 같습니다. 특히 이 책은 수많은 사람들의 도움을 통해 쓰여진 책입니다. 제가 많은 사람들의 도움을 받은 만큼 이제는 많은 분들께 이 책을 통해 도움을 드리고 싶습니다.

이 책으로 스레드를 어떻게 성장시킬 수 있는지, 어떤 마케팅 전략을 써야 하는지를 배워, 브랜딩·마케팅·수익화 등 독자 여러분 각자의 스레드 운영 목적에 맞는 결과를 꼭 얻길 바랍니다. 이 책을 끝까지 읽은 독자분들께 무엇보다 감사하다는 인사를 남깁니다. 감사합니다.